Rede zu Ehren der Kaiserin Eusebia

OPUSCULA

1

Julian Apostata

Rede zu Ehren der Kaiserin Eusebia

Zweisprachige Ausgabe
von Marion Giebel

Kartoffeldruck-Verlag
Speyer 2021

Alle Übersetzungen in diesem Band
wurden von Marion Giebel neu erstellt.

Satz: Kai Brodersen, Erfurt

Bibliografische Information der Deutschen Nationalbibliothek

Die Deutsche Nationalbibliothek verzeichnet diese Publikation in der Deutschen Nationalbibliografie; detaillierte bibliografische Daten sind im Internet über http://dnb.d-nb.de abrufbar.

Der Kartoffeldruck-Verlag (den Namen verdankt er einem Vorschlag von Prof. Dr. Niklas Holzberg) publiziert zum reinen Selbstkostenpreis Bücher, die in jeder Buchhandlung bestellt werden können – insbesondere für Expertinnen und Experten in Altertumswissenschaft und Schule.

2021

www.kartoffeldruck-verlag.de
ISBN 978-3-939526-44-5

Inhaltsverzeichnis

Einleitung

Eine Lob- und Dankrede auf verdiente Persönlichkeiten zu halten, meistens kaiserlichen Ranges – wie sie uns hier vorliegt –, war in der römischen Kaiserzeit zu einem zeremoniellen Mittel der Kommunikation geworden. In griechischer wie in lateinischer Sprache vorgetragen, deutet die Bezeichnung *Panegyrikós, Panegyricus* darauf hin, dass an einen Vortrag bei einer Versammlung in der Öffentlichkeit gedacht war (*panégyris*). Der Anlass war meist offizieller Art, wie ein Adventus, der Besuch eines Kaisers, der von den Honoratioren der Stadt empfangen und mit einer Rede begrüßt wurde, in der die Taten und Tugenden des Herrschers gepriesen wurden. Oft trat als Redner auch ein Philosoph auf, der sein Ansehen in die Waagschale warf, um Bitten und Wünsche bezüglich der Stadt an den hohen Gast heranzutragen. Neben einer solchen Festrede – auch zum Thronantritt eines neuen Kaisers oder zu dessen Amtsjubiläum – gab es die an bestimmte Umstände gebundene Dankesrede, *gratiarum actio*, wie sie üblich war beim Amtsantritt der neuen Konsuln. Die Rede des Plinius vom Jahr 100 n. Chr. ist Lob- und Dankesrede zugleich: Er preist Kaiser Trajan als den vollkommenen Herrscher, bestärkt ihn in seinem vorbildlichen Handeln und dankt für die ihm verliehene Konsulwürde.[1]

Diese Redeform der Panegyrik basierte auf bestimmten Regeln, wie sie die Lehrer der Rhetorik lehrten, so im 3. Jh. n. Chr. Menander (im Unterschied zum Komödiendichter Menander Rhetor genannt), dessen Traktate zum Bildungskanon gehörten.[2] Bei ihm finden sich die Sprach- und Stilfiguren, die jeweils anzuwenden sind, die traditionellen Themen in festgelegter Reihenfolge: im *basilikòs lógos*, der Preisrede auf den Kaiser, das Leben des Gefeierten mit seinen Erfolgen in Krieg und Frieden – hatte er nicht genügend davon vorzuwei-

1 Eine solche Rede auf Julian als Kaiser wurde gehalten von Claudius Mamertinus vor dem Senat von Konstantinopel, als dieser am 1. Januar 362 das Konsulat antrat. Er rühmt Julians militärische Erfolge in Gallien, ebenso sein Privatleben, ohne Luxus, unermüdlich nur dem Dienst am Allgemeinwohl gewidmet. Julian ist ein *civilis princeps*, ein »bürgernaher« Kaiser, wie einst Trajan von Plinius gelobt wurde, ganz im Gegensatz zu Constantius, der bei seinem Rombesuch 357 wie ein Götterstandbild über seinen Untertanen thronte (vgl. Ammian 16,10).

2 Menandros (Menander Rhetor), Abhandlungen zur Rhetorik. Zweisprachige Ausgabe von K. Brodersen. (Bibliothek der griechischen Literatur 88, Stuttgart 2019.

sen, galt es, dies elegant zu umschiffen –, oft der Vergleich mit den Helden des Mythos, und ein Katalog der Tugenden, die er angeblich in reichem Maße besaß und von denen, in wohltätiges Wirken umgesetzt, das ganze Reich profitierte. Die Zuhörer aus dem gehobenen Bürgertum, die selbst Rhetorikunterricht gehabt hatten, erkannten jeweils die einzelnen Punkte und genossen die Kunstfertigkeit des Redners, etwa seine Exkurse und sein Spiel mit der Redefigur der *praeteritio*, des Übergehens: Die Redekunst reicht nicht aus, um jene Großtaten zu beschreiben, oder man will die Untaten des Vorgängers mit dem Mantel des Schweigens bedecken. Die Frage, ob dies alles exakt der Wahrheit entsprach, war nicht vordringlich. Wenn der Gefeierte hinter dem Idealbild zurückblieb, so hörte er zumindest, wie man ihn gerne sehen wollte. Neben dieser adhortativen Funktion diente die Panegyrik ganz allgemein als Mittel, die Verbindung zu halten zu einem Staatsoberhaupt, das seit den Reformen des Diokletian (284-305) als absoluter Monarch, als gottähnlicher Herrscher mit eigenem Kronrat und Hofzeremoniell der bürgerlichen Welt weitgehend entrückt war. Die panegyrische Rhetorik schöpfte aus den Quellen der Literatur und der Philosophie: Ihre Basis bildete also die Paideia, die Bildung, die eine gemeinsame Tradition aller Bürger im römischen Reich begründete und eine Brücke schlug auch zur staatlichen Hierarchie. Auch das Christentum konnte auf diesen Kommunikationsfaktor nicht verzichten.[3] Konstantin ließ sich feiern anlässlich seines Sieges über Maxentius 313, vermutlich vorgetragen in Trier,[4] und der angesehene heidnische Philosoph und Rhetor Themistios hielt Reden auf den christlichen Kaiser Constantius II. und seine Nachfolger. Die Rhetorik blieb der Firnis über den Abgründen der Machtpolitik.

Der prominenteste Verfasser panegyrischer Reden war Kaiser Julian Apostata, damals noch Flavius Julianus, gerade zum Caesar (Juniorkaiser) für den Westen des Reiches ernannt (355). Neben den beiden Preisreden auf den regierenden Kaiser Constantius II., seinen Vetter, die in konventionellem Stil gehalten sind, die zweite als ein Fürstenspiegel, ist die dritte Rede von besonderem Interesse: die einzige Rede auf eine Kaiserin, verfasst von einem Mitglied des kaiserlichen Hauses. Und es gibt zu dieser Rede Zeugnisse ihres Autors, die sozusagen die Kehrseite der Medaille bilden.[5] Menander schreibt zwar, wenn die Gemahlin des Kaisers Lob verdiene, könne

3 Vgl. P. Brown, Macht und Rhetorik in der Spätantike. München 1995.

4 Panegyrici Latini / Lobreden auf römische Kaiser. Zweisprachige Ausgabe von B. Müller-Rettig (Edition Antike), 2 Bde. Darmstadt 2008–2014

5 Das Sendschreiben an die Athener, *ad Ath.*, siehe Anhang 1.

man sie erwähnen, doch mit einer Rede auf eine Frau hatte Julian kein direktes Vorbild.[6] Der ausführliche Anfang erweist die Rede als eine *gratiarum actio*, eine Dankesrede, die aber zugleich nach dem Schema einer Lobrede (hier auch *encomion* genannt) verfasst ist. Die *gratiarum actio* wiederum ist eingeteilt in eine *actio publica* und *privata*, d. h. Dankbarkeit für die Wohltaten, die Kaiserin Eusebia der Allgemeinheit spendet, und die besonderen, mit denen sie sich als Wohltäterin, ja als Retterin Julians erwiesen hat. Zur Lobrede gehören die typischen Elemente wie Herkunft und Abstammung, die Heirat aufgrund der Wahl des Kaisers, der eine seiner würdige Persönlichkeit an seine Seite stellt, die sich durch äußere Schönheit und reiche Tugenden auszeichnet.[7] Statt die prunkvollen Hochzeitsfeierlichkeiten zu schildern,[8] will Julian lieber ihr Wirken an der Seite ihres Gatten darstellen. Er ist sich bewusst, dass ein zu starkes Agieren einer Frau den allgemeinen Vorwurf der »Weiberherrschaft« hervorruft[9] und bedient sich eines Kunstgriffs, der heute noch Anerkennung finden kann: Er wählt Homer als sein Vorbild und setzt Eusebia in Beziehung zur Phäakenkönigin Arete, die geehrt von ihrem Gemahl, König Alkinoos, und geachtet im Volk war, sogar Streitigkeiten schlichtete. Später wird Eusebias segensreiche Tätigkeit, etwa im Gerichtswesen, niemals als Alleingang, sondern stets im Einklang mit ihrem Gatten dargestellt. Hier tritt Penelope als Parallelfigur auf, die *koinonós*, Partnerin des Odysseus war.

Worin bestand nun aber die besondere Hilfestellung der Kaiserin, für die Julian sich als ihr ewiger Schuldner ansieht? Das wollt ihr gerne wissen, sagt er. Die Rede ist ein Rollenspiel auf mehreren Ebenen. Wir wissen nicht, ob Julian selbst diese Rede in Anwesenheit der Kaiserin, vielleicht auch des Kaisers und des Hofstaats gehalten hat, oder ob er eine Abschrift in die haremsähnliche Zurückgezogenheit der Frauengemächer geschickt hat. Er fingiert jedenfalls eine Zuhörerschaft über die Hofgesellschaft hinaus, zu der auch ein allgemeines Publikum mit Gelehrten und Rhetoren gehört, deren kritische Reaktionen Julian zur Auflockerung einbaut. Er will ganz offen über alles reden: Der Kaiser habe ihn fast von Kindheit an mit seinem

6 Caesars Leichenrede auf seine Tante Julia ist nicht erhalten. Plinius lobte Gattin und Schwester Kaiser Trajans.

7 Vgl. Amm. 21,6.4, s. Anhang 3. Eusebia war die zweite Gattin des Constantius, die erste war eine Stiefschwester des Gallus, Julian *ad Ath.* 272D, aus der ersten Ehe seines Vaters.

8 Hier die mehrfach angewendete Figur der *praeteritio*.

9 Vgl. Amm. 21,16.16 (im Anhang 3) und sein Zerrbild der Constantina, der Gattin des Gallus (14,1).

Wohlwollen begleitet, später aber sei eine Entfremdung aufgetreten, aufgrund von Vorwürfen und Verdächtigungen, die ihn in große Gefahr brachten. Und hier sei die Kaiserin tatkräftig für ihn eingetreten, und so sei er schließlich zu der gefestigten Stellung gekommen, die er nun innehabe (als Caesar). Was ist gemeint – man wird zurückgehen müssen auf die Kindheit und Jugend Julians (wie er selbst sagt: fast von Kindheit an). Tatsache ist, dass der Vater Julians, der Halbbruder Kaiser Konstantins, nach dessen Tod 337 zusammen mit seiner ganzen Familie ermordet wurde – eine Nachfolgeregelung der besonderen Art:[10] Es sollten nur die drei Söhne Konstantins übrigbleiben, die sich dann durch Machtkämpfe auf einen reduzierten, auf Constantius II., der als Alleinherrscher das römische Reich regierte. Nur die Kinder Julian und sein Bruder Gallus (5 und 11 Jahre alt) überlebten und wurden von Constantius in dem abgelegenen Landgut Macellum in Kappadokien in einer *splendid isolation* gehalten. Julian findet hier seinen Lebensinhalt in der Welt der Bücher und, obwohl in der christlichen Lehre unterwiesen, in der Hinwendung zur Philosophie und Theologie des Neuplatonismus. 348 wird dieser Zwangsaufenthalt aufgehoben; Julian darf zum Studium nach Nikomedia, Pergamon und Ephesus gehen, wo er den üblichen Bildungskanon in Philosophie und Rhetorik absolviert. Unter dem Deckmantel der Philosophie darf er auch mit seinen Göttern verkehren, deren Kult offiziell verboten ist.[11]

351 wird sein Bruder Gallus von Constantius zum Juniorkaiser, zum Caesar des Ostens ernannt, mit Sitz in Antiochia, um selbst im Westen freie Hand für den Kampf gegen den Usurpator Magnentius zu haben. Mit solchen Rebellen, die ihm die Kaiserwürde streitig machten, hatte er mehrfach zu kämpfen, was ihn zu einem starken Misstrauen und daraus oft zum Überreagieren brachte, wie im Falle seines Juniorkaisers. Kompetenzstreitigkeiten führten zu Missstimmungen zwischen dem Caesar Gallus und den Beamten des Constantius, nach deren Ansicht Gallus seine Befugnisse überschritt, was das Misstrauen des Kaisers verstärkte. Die Situation eskalierte, als es wegen Getreidemangels in Antiochia zu einem Aufruhr kam, bei dem Gallus hart, zu hart durchgriff. Ob wirklich zu befürchten war,

10 Angeblich durch eine entfesselte Soldateska, die nur die Söhne ihres Kaisers Konstantin als Führer haben wollte. Constantius ist von einer Mittäterschaft oder zumindest Duldung des »Massakers von Konstantinopel« nicht freizusprechen. Er distanzierte sich nie von der Tat, zog das Vermögen der Getöteten ein. Dazu Julian in Anhang 1 (271B) und Ammian 21,16.8. Vgl. M. Giebel (2002/2006) S. 20ff.

11 Vgl. M. Giebel (2002/2006) S. 38ff.

dass Gallus sich zu Feindseligkeiten gegen den Kaiser hätte hinreißen lassen, ist ungewiss.[12] Eher ist zu vermuten, dass die Hofkamarilla mit dem ausgedehnten Spionagenetz, den *agentes in rebus*, gegen Gallus intrigierte – wie dann auch gegen Julian -- und das Misstrauen des Kaisers verhängnisvoll steigerte. Er entzog Gallus Truppen und forderte ihn auf, sich zu ihm nach Mailand zu begeben, wo er derzeit residierte. Gallus hoffte, mit Hilfe seiner Gattin, der Kaiserschwester, die Missverständnisse auszuräumen, doch Constantina starb auf der Reise an einem Fieber. Ohne die Möglichkeit einer Rechtfertigung, ohne Gerichtsverhandlung wurde Gallus unterwegs festgenommen und hingerichtet, offiziell wegen Hochverrat (354). Und angebliche Freunde und Verschwörer teilten sein Schicksal. Die Reihe kam auch an Julian, der vor den Kaiser nach Mailand zitiert wurde: Er habe verräterische Kontakte zu seinem Bruder unterhalten.[13] Unter militärischer Bewachung wurde er nach Mailand gebracht, wo er zunächst zum Verhör vor den mächtigen Höflingen erscheinen musste, wie dem Oberhofkämmerer, dem Eunuchen Eusebios. Von ihm ging das böse Witzwort um, er höre mitunter auch auf den Kaiser. Julian erhielt lange keine Audienz bei seinem Vetter, er lebte unter dem Verdacht der Teilnahme am Hochverrat, ein Majestätsverbrechen, worauf die Todesstrafe stand.

Und hier war es, wo sich die Kaiserin Eusebia für ihn einsetzte. Auf den Wink der höchsten Gottheit, anders kann sich Julian diesen Umschwung nicht erklären. Er beschreibt in seiner Dankesrede, wie sie so tatkräftig für ihn eintrat, alle die im Grunde ja haltlosen Verdächtigungen zerstreute und ihm schließlich den Aufenthalt in Griechenland ermöglichte.

Noch ein zweites Mal trat Eusebia für Julian ein. Constantius war in großer Sorge über die Zustände in Gallien, das von den Franken und Alamannen besetzt und verwüstet war, und gedachte, einen Stellvertreter dorthin zu entsenden, damit er selbst die Lage im übrigen Reich unter Kontrolle halten konnte. Er dachte an seinen einzigen noch lebenden Verwandten, seinen Vetter Julian. Doch die Höflinge rieten mit Nachdruck ab: kein zweiter Gallus! Ihren hartnäckigen Gegenreden tritt allein die Kaiserin entgegen: *sola regina* (s. Anhang 3) – wohl weil sie aus angeborener Klugheit das Staatswohl bedachte. Sie erinnerte daran, dass man einen Verwandten al-

---

12 Das äußerst negative Bild, das Ammian von Gallus und seiner Gattin Constantina gibt (14,1) scheint übertrieben. - Vgl. M. Grant, Klassiker der antiken Geschichtsschreibung: Ammian. München 1981, S. 306f.

13 Amm. 15,3.7f.; dann 15,8.3 sowie Zosimos, Neue Geschichte 3,1, siehe Anhang 4.

len anderen vorziehen müsse.[14] Und sie setzte sich durch: Der Kaiser blieb bei seinem ursprünglichen Plan, Julian als Mitherrscher, als Caesar für den Westen, anzunehmen. Als Julian seine Rede hält, ist er, wie es Ammian ausführlich schildert, bereits Caesar, der Zweite am Thron. Zweifellos ist er bei dieser Rede mehr mit dem Herzen dabei als bei den beiden Preisreden auf seinen kaiserlichen Vetter, die in erster Linie eine Loyalitätsadresse darstellten. Doch ist auch hier sehr viel Überlegung dabei. Er, ein junger Mann von Mitte zwanzig, preist eine wegen ihrer Schönheit vielgerühmte junge Frau, etwa in seinem Alter. Der Kaiser als Hörer oder Leser durfte nicht argwöhnisch werden: Julian bringt keine zu intime Beschreibung, er zitiert Sappho, die eine schöne Frau mit dem Mond vergleicht, der die Sterne überstrahlt. Auch sein Vergleich mit Penelope hat den kaiserlichen Gemahl im Blickfeld: All ihr Tun war auf ihren Gatten gerichtet, sie war seine Partnerin. Und als Julian endlich die Audienz erhält und Eusebia beschreiben muss, da ist er so klug wie Odysseus, der Nausikaa mit einer Göttin vergleicht: Eusebia erscheint ihm wie ein Götterbild, vor dem er stumm und ergriffen steht. Den Griechenlandaufenthalt hat sie ihm ermöglicht, um seine philosophischen Studien zu unterstützen. Auch sein höchst persönlich und sympathisch wirkender Lobpreis auf das Geschenk der Bücher lässt Hintergedanken vermuten: Julian ist zwar jetzt Caesar, also oberster Feldherr in Gallien, aber im Grunde seines Herzens ist er immer noch der harmlose, bescheidene Student, ohne Machtgelüste. So konnte – oder sollte – der Kaiser denken, dass der Vetter, auch wenn sich sein eigener sehnlicher Wunsch nach einem Erben erfüllte, kein Rivale, sondern ein treuer, selbstloser Platzhalter für diesen sein würde.

Doch es kam anders. Julian erwies sich, obwohl vom Hörsaal auf das Schlachtfeld versetzt, als tüchtiger Feldherr, der große Siege in Gallien erfocht und die verelendete Provinz nach Kräften stabilisierte.[15] Constantius, den seine Höflinge gegen den siegreichen und allgemein beliebten jungen Feldherrn einzunehmen suchten und der ihn stets am kurzen Zügel gehalten hatte, forderte nun für seinen Perserfeldzug ein großes Truppenkontingent von Julian. Daraufhin protestierten die Soldaten, da sie ihr gerade wiedergewonnenes Heimatland nicht verlassen und neuen Angriffen ausgesetzt sehen wollten. Julian, zwischen seinem Eid auf den Kaiser und den berechtigten Forderungen seiner Soldaten, ersuchte Constantius um eine

14 Man denkt an ihre Verwandtenpatronage vgl. 116A-D. A. Wieber-Scariot (1999) spricht von Matronage (S. 216ff.). Julians Reden auf Constantius: *Or.* 1 und 2.

15 Vgl. A. Demandt (1998) S. 73f., M. Giebel (2002/2006) S. 86ff.

Reduzierung der Truppenzahl, was jener ablehnte. Er schickte Abgesandte mit strikten Befehlen, die Truppen sollten sich in Lutetia, Paris, sammeln, wo Julian sein Winterquartier abhielt und wo er allgemein beliebt war. Hier eskalierte die Situation – die Soldaten verweigerten den Abmarsch in den Osten, sie liefen mit Frauen und Kindern klagend zusammen. Julian hatte den Kaiser von den Spannungen in Kenntnis gesetzt und ein Einlenken vorgeschlagen, doch Constantius beharrte auf seiner harten Linie. Daraufhin kam es zur offenen Meuterei: Die Soldaten riefen Julian zum Augustus aus (März 360), hoben ihn nach germanischer Sitte auf einen Schild und krönten ihn mit einer Ehrenkette statt eines Diadems. Constantius reagierte mit strenger Ablehnung; es kam so weit, dass er Julian zum *hostis*, zum Staatsfeind, erklären wollte. Dadurch hätten die Soldaten ihren rechtmäßigen Status, Sold und Versorgung verloren, was ein erneutes Aufbegehren zur Folge hatte. Es gab kein Zurück, Julian sicherte die Grenzen in Gallien und zog dann mit dem Heer nach Osten. Doch es kam zu keiner bewaffneten Auseinandersetzung. In Julians Heerlager traf eine Abordnung von Offizieren des Constantius ein: Der Kaiser war unerwartet an einem Fieber gestorben (3. November 361), und sie huldigten Julian im Namen des Heeres als seinem Nachfolger, dem letzten Spross der konstantinischen Dynastie.

Am 11. Dezember 361 zog Julian als Kaiser des römischen Reiches in Konstantinopel ein. Eusebia sollte es nicht mehr erleben, dass ihr Protegé zum Usurpator wurde. Sie starb kinderlos um 360, und als Julian in seinem Sendschreiben an die Athener seine Erhebung rechtfertigt, findet er bittere Worte für den »edlen Kaiser«, der ihn durch sein Handeln zu diesem Schritt gezwungen habe, doch gedenkt er weiterhin dankbar der schönen und edlen Eusebia seligen Angedenkens (273A, 274B, siehe Anhang 1). Hätte sie noch gelebt – ob sie ein weiteres Mal für Julian eingetreten wäre, etwa mit dem Hinweis darauf, dass auch Constantius eine Zeitlang mit seinen Brüdern als Augusti geherrscht habe? Und so wie sie sich in die Gerichtsprozesse eingearbeitet hatte, in denen sie Julian zufolge Stellung bezog, so hätte sie vielleicht auch in Erfahrung gebracht, dass man die germanisch-gallischen Kampftruppen Julians momentan gar nicht so nötig brauchte – der persische Großkönig hatte noch keine große Schlacht geliefert und schien dies auch so bald nicht vorzuhaben; es ging vielmehr zunächst um die Rückeroberung der wichtigen Festungen, und dazu bedurfte es eher Spezialisten in der Belagerungstechnik.

Doch Eusebia starb, einem Gerücht zufolge durch ein Mittel, das ihre Unfruchtbarkeit beheben sollte. Ein Schatten scheint auf ihr Bild

zu fallen durch Ammian, der sie beschuldigt, Julians Gattin Helena um ihre beiden Babys gebracht zu haben, einmal mit einem giftigen Trank, der die Leibesfrucht absterben ließ, das andere Mal durch eine Hebamme, die die Nabelschnur unsachgemäß abschnitt.[16] Die Schilderung scheint zu exakt, als dass es sich um ein pures Gerücht gehandelt haben könnte. Doch in seiner letzten Erwähnung – nach ihrem Tod habe Constantius Faustina zur Frau genommen – spricht Ammian durchaus positiv über sie. Julian weiß jedenfalls offenbar nichts von solch verhängnisvollen Intrigen, und bis heute ist man sich nicht klar über deren Wahrheitsgehalt.[17]

Nach einer kurzen, aber äußerst reichen Regierungstätigkeit, in der auch Julians Götter wieder auferstehen, fällt er im Perserkrieg (26. Juni 363) in Mesopotamien, »ein hervorragender Mann, der das Reich vortrefflich verwaltet hatte, treulos gegen Gott, doch nicht treulos gegen das Reich.«[18]

Er wurde in Tarsos beigesetzt, wo er sein Winterlager nach dem Perserfeldzug nehmen wollte. Ammian und andere meinten, ihm sei ein würdigerer Begräbnisort angemessen, wie etwa Rom. Doch kurze Zeit später trat eine Frau auf den Plan, die ebendies in die Tat umsetzte. Die dritte und letzte Gattin des Constantius war Faustina gewesen, die schwanger war, als ihr Gatte starb. Sie bekam eine Tochter, Constantia [Postuma], die 374 nach Gallien geschickt wurde, um Kaiser Gratian[19] zu heiraten. Dort wurde das Andenken Julians immer noch in Ehren gehalten, und die Kaiserin gab Auftrag, den Leichnam Julians von Tarsos nach Konstantinopel zu bringen und im *sepulchrum regium,* dem Mausoleum Konstantins, beizusetzen: Im Gedenken an ihren Verwandten Julian, den letzten Herrscher der konstantinischen Dynastie, deren letzte Vertreterin sie war, wollte sie dem noch jungen Adel ihres Mannes und der Kaiserwürde einigen Glanz verleihen. Frühverstorben wurde auch sie in diesem Mausoleum beigesetzt (383), wo auch Eusebia, Julians Fürsprecherin, begraben lag.

---

16 Amm. 16,10.18f.; 21,6.4, vgl. Anhang 3.

17 K. Rosen (1982) rechnet die Nachricht zu den unlösbaren Widersprüchen in Ammians Personendarstellung (S. 114), ebenso äußert sich A. Wieber-Scariot (1999) S. 248: »Festhalten kann man lediglich, dass es für Eusebias Kinderlosigkeit verschiedene Quellen gibt [Philostorgios 4,7; Zonaras 13,11,30], jedoch Ammian als einziger von diesen Machenschaften gegen Helena berichtet.« Vgl. auch N. Aujoulat (1983), S. 436ff.

18 Eutrop X 16; Prudentius *Apotheosis* 455.

19 Flavius Gratianus, 367-383 Augustus des Westens. Sein Vater, Kaiser Valentinian I., war ein Offizier einfacher Herkunft gewesen.

Julian Apostata

Rede zu Ehren der Kaiserin Eusebia

1 Τί ποτε ἄρα χρὴ διανοεῖσθαι περὶ τῶν ὀφειλόντων μεγάλα καὶ ὑπὲρ μεγάλων οὔτι φημὶ χρυσίον οὐδὲ ἀργύριον, ἀλλὰ ἁπλῶς ὅ τι ἂν τύχῃ τις παρὰ τοῦ πέλας εὖ παθών, εἶτα τοιαῦτα μὲν ἀποτίνειν οὔτε ἐπιχειρούντων οὔτε διανοουμένων, ῥᾳθύμως δὲ καὶ ὀλιγώρως ἐχόντων πρὸς τὸ τὰ δυνατὰ ποιεῖν καὶ διαλύεσθαι τὸ ὄφλημα; ἢ δῆλον ὅτι φαύλους καὶ μοχθηροὺς νομιστέον; Οὐδενὸς γὰρ οἶμαι τῶν ἄλλων ἀδικημάτων ἔλαττον μισοῦμεν ἀχαριστίαν καὶ ὀνειδίζομεν τοῖς ἀνθρώποις, ὅταν εὖ παθόντες περὶ τοὺς εὐεργέτας ὦσιν ἀχάριστοι· ἔστι δὲ οὐχ οὗτος ἀχάριστος μόνον, ὅστις εὖ παθὼν δρᾷ κακῶς ἢ λέγει, ἀλλὰ καὶ ὅστις σιωπᾷ καὶ ἀποκρύπτει, λήθῃ παραδιδοὺς καὶ ἀφανίζων τὰς χάριτας. Καὶ τῆς μὲν θηριώδους ἐκείνης καὶ ἀπανθρώπου μοχθηρίας σφόδρα ὀλίγα καὶ εὐαρίθμητα κομιδῇ τὰ παραδείγματα· πολλοὶ δὲ ἀποκρύπτουσι τὸ δοκεῖν εὖ παθεῖν, οὐκ οἶδα ὅ τι βουλόμενοι. Φασὶ δὲ ὅμως θωπείας τινὸς καὶ ἀγεννοῦς κολακείας τὴν δόξαν ἐκκλίνειν. Ἐγὼ δὲ οὗτοι μὲν ὅτι μηδὲν ὑγιὲς λέγουσι σαφῶς εἰδώς, ὅμως ἀφίημι, καὶ κείσθω διαφεύγειν αὐτούς, καθάπερ οἴονται, κολακείας οὐκ ἀληθῆ δόξαν, πολλοῖς ἅμα πάθεσιν ἐνόχους φανέντας καὶ νοσήμασιν αἰσχίστοις πάνυ καὶ ἀνελευθέροις. Ἢ γὰρ οὐ συνιέντες ἀναίσθητοι λίαν εἰσὶν ὧν οὐδαμῶς ἀναίσθητον εἶναι ἐχρῆν, ἢ συνιέντες ἐπιλήσμονες ὧν ἐχρῆν εἰς ἅπαντα μεμνῆσθαι τὸν χρόνον· μεμνημένοι δὲ καὶ ἀποκνοῦντες δι' ἁσδηποτοῦν αἰτίας δειλοὶ καὶ βάσκανοι φύσει καὶ ἁπλῶς ἅπασιν ἀνθρώποις δυσμενεῖς, οἵ γε οὐδὲ τοῖς εὐεργέταις πρᾷοι καὶ προσηνεῖς ἐθέλοντες εἶναι, εἶτα, ἂν μὲν δέῃ λοιδορῆσαί που καὶ δακεῖν, ὥσπερ τὰ θηρία ὀργίλον καὶ ὀξὺ βλέπουσιν·

1 [102] Was müssen wir wohl denken von solchen Menschen, die Dank schulden für Dinge von großem Wert, ja über solchen Wert hinaus – ich meine nicht Gold und Silber, sondern einfach etwas Gutes, was jemand von einem ihm Nahestehenden erhalten hat – und wenn diese Leute dann für diese Wohltat nicht ihren Dank abstatten, ja gar nicht daran denken, sondern nachlässig sind und sich nicht darum kümmern, was sie tun könnten, um ihre Schuld abzutragen [102B] – ist es nicht ganz klar, dass man solche Leute für nichtsnutzige Typen halten muss? Noch mehr als andere Unrechtstaten ist uns, so meine ich, die Undankbarkeit verhasst, und wir tadeln solche Leute, die Wohltaten erhalten haben und ihren Wohltätern gegenüber undankbar sind.[1] Ein undankbarer Mensch ist nicht nur, wer auf eine Wohltat mit bösen Taten oder Worten reagiert, sondern auch, wer schweigt und sich nichts anmerken lässt und so die Guttat mit dem Mantel des Schweigens verhüllt. Beispiele für ein solches geradezu unmenschliches Verhalten, [102C] nämlich eine Wohltat mit Übeltaten heimzuzahlen, sind gottlob recht selten. Es gibt aber viele Leute, die nicht so aussehen wollen, als hätten sie Wohltaten empfangen; warum sie das wollen, weiß ich freilich nicht. Es geht ihnen wohl darum, den Eindruck zu vermeiden, sie hätten sich durch Schmeichelei und Liebedienerei etwas erschlichen. [103] Für mich steht fest, dass sie damit nichts Vernünftiges vorbringen, doch will ich es gelten lassen. Nehmen wir also an, dass sie, wie sie meinen, dem unverdienten Ruf der Schmeichelei aus dem Wege gehen. Freilich erscheinen sie gleichzeitig als schuldig in Bezug auf viele charakterliche Schwächen und Mängel, die höchst schimpflich und unwürdig sind. Denn entweder können sie nicht begreifen, was eigentlich jedem klar sein muss, oder sie sind nicht schwer von Begriff, sondern vergessen einfach, was man doch jetzt und immer im Gedächtnis behalten sollte. Oder aber: Sie denken zwar daran, drücken sich jedoch vor ihrer Verpflichtung, aus welchem Grund auch immer, feige und hinterhältig von Natur, übelwollend gegen jedermann. [103B] So wollen sie auch ihren Wohltätern gegenüber nicht freundlich und wohlwollend sein; und wenn sich irgendeine Gelegenheit bietet zum Bellen und Beißen, dann schauen sie zornwütig drein wie wilde Tiere.

1 Die Dankbarkeit als eine Menschenpflicht wird behandelt bei Aristoteles, *Nikomachische Ethik*. Bei Cicero, *leg.* 1,32: »Welches Volk liebt nicht Freundlichkeit, Güte und Dankbarkeit, die eine Wohltat nicht vergisst? Welches Volk hasst nicht die Grausamen, die Undankbaren und weist sie von sich?« Vgl. auch Seneca, *De beneficiis* – Über die Wohltaten.

ὥσπερ δὲ ἀνάλωμα πολυτελὲς φεύγοντες τὸν ἀληθινὸν ἔπαινον, οὐκ οἶδα ὅπως, αἰτιῶνται τὰς ὑπὲρ τῶν καλῶν ἔργων εὐφημίας, ἐξὸν ἐκεῖνο ἐξετάζειν μόνον, εἰ τὴν ἀλήθειαν τιμῶσι καὶ περὶ πλείονος ποιοῦνται τοῦ δοκεῖν ἐν τοῖς ἐπαίνοις χαρίζεσθαι. Οὐδὲ γὰρ τοῦτο ἔνεστιν εἰπεῖν, ὡς ἀνωφελὲς χρῆμα ἡ εὐφημία οὔτε τοῖς ὑπὲρ ὧν γέγονεν οὔτε αὖ τοῖς ἄλλοις, ὁπόσοι τὴν ἴσην ἐκείνοις κατὰ τὸν βίον τάξιν εἰληχότες τῆς ἐν ταῖς πράξεσιν ἀρετῆς ἀπελείφθησαν. Τοῖς μὲν γὰρ ἄκουσμά τέ ἐστιν ἡδὺ καὶ προθυμοτέρους παρέχει περὶ τὰ καλὰ καὶ διαφέροντα τῶν ἔργων· τοὺς δὲ ἐπὶ τὸ ζηλοῦν ἐκεῖνα πειθοῖ καὶ βίᾳ παρώρμησεν ὁρῶντας, ὅτι μηδὲ τῶν προλαβόντων τινὲς ἀπεστερήθησαν ὃ μόνον δοῦναί τε καὶ λαβεῖν ἐστι δημοσίᾳ καλόν. Χρήματα μὲν γὰρ εἰς τὸ ἐμφανὲς διδόναι καὶ περιβλέπειν, ὅπως ὅ τι πλεῖστοι τὸ δοθὲν εἴσονται, πρὸς ἀνδρὸς ἀπειροκάλου· ἀλλ' οὐδὲ ὑποσχεῖν τὼ χεῖρε ὑπεδέξατο ἄν τις ἐν ὀφθαλμοῖς πάντων, μὴ παντάπασιν ἀποσεισάμενος αἰδῶ καὶ ἐπιείκειαν τοῦ τρόπου· Ἀρκεσίλαος δὲ καὶ διδοὺς τὸν λαβόντα ἐπειρᾶτο λαθεῖν, συνίει δὲ ἐκεῖνος ἐκ τῆς πράξεως τὸν δράσαντα. Ἐπαίνων δὲ ζηλωτὸν μὲν ἀκροατὰς ὡς πλείστους εὑρεῖν, ἀγαπητὸν δὲ οἶμαι καὶ ὀλίγους. Καὶ ἐπῄνει γε Σωκράτης πολλοὺς καὶ Πλάτων καὶ Ἀριστοτέλης· Ξενοφῶν δὲ καὶ Ἀγησίλαον τὸν βασιλέα

Ehrliches Lob zu spenden scheuen sie, als sei es ein kostspieliger Aufwand; sie bekritteln, Gott weiß warum, das Lob, das edlen Taten gespendet wird. Dabei müssten sie doch nur prüfen, ob die Redner der Wahrheit die Ehre geben und sie höher einschätzen [103C] als das Bestreben, sich mit ihrem Lobpreis nur den Anschein der Dankbarkeit zu geben. Man kann doch keineswegs sagen, der Lobpreis sei eine Sache ohne Wert, weder denen gegenüber, denen er gilt, noch anderen, die zwar den gleichen Rang im Leben einnehmen, aber noch nicht die entsprechenden verdienstvollen Taten aufzuweisen haben. Für die ersteren ist es nicht nur angenehm zu hören, es regt sie auch an, sich mit ihren Taten in noch höhere Sphären zu erheben. Die anderen aber fühlen sich angespornt durch Überredung und einen Drang zum Nacheifern, denn sie sehen, dass auch von denen, die ihnen vorausgingen, keiner um das gebracht wurde, was allein im öffentlichen Rahmen zu geben und anzunehmen ehrenhaft ist. [103D] Wer in der Öffentlichkeit Geld verteilt und sich dabei umschaut, ob möglichst viele dieses ihr Geschenk auch sehen, der hat keinen Sinn für Sitte und Anstand. Es würde ja wohl keiner vor aller Augen die Hände ausstrecken, um eine solche Gabe anzunehmen, wenn er nicht vorher schon alle Scham und Scheu über Bord geworfen hat. [104] Arkesilaos[2], der jemandem ein Geschenk machen wollte, war bestrebt, seine Identität sogar vor dem Betreffenden geheim zu halten. In seinem Fall machte aber die Art, wie er sein Geschenk anbrachte, den Geber bekannt. Wer nun ein Lob verkünden will, der ist bestrebt, möglichst viele Zuhörer zu finden, doch auch ein kleiner Hörerkreis wird ihm, denke ich, willkommen sein. Sokrates[3] hat sich über viele Personen lobend ausgesprochen, desgleichen Platon und Aristoteles. Xenophon lobte König Agesilaos[4]

---

2 Philosoph, Begründer der sog. Mittleren Akademie (um 316-241 v. Chr.), besuchte den kranken Apelles aus Chios, (ein anderer als der berühmte Maler), sah seine Armut und steckte ihm Geld unters Kopfkissen. Als die Wärterin es fand, sagte Apelles: »Das ist ein Streich des Arkesilaos!« Vgl. Plutarch *Moralia* 63D (*Wie man den Schmeichler vom Freund unterscheidet*) . Vgl. auch Diogenes Laertios 4,37; Seneca *de ben.* 2,10.1.

3 Freilich nicht über große Machthaber, sondern über Menschen, die der Tugend folgten und Weisheit und Gerechtigkeit liebten, vgl. Julian *Or.* 2,79BC.

4 Agesilaos, König von Sparta seit 399 v. Chr., suchte die Vormachtstellung Spartas zu sichern. Xenophon kämpfte auf spartanischer Seite, wurde daraufhin von den Athenern verbannt und erhielt ein Landgut von Agesilaos, dem er nach dessen Tod eine Lobrede mit dessen Namen widmete. Kyros den Älteren, den Begründer des Perserreiches (550-529), stellte er dar in der *Kyropädie* (*Erziehung des Kyros*), den jüngeren in

καὶ Κῦρον τὸν Πέρσην, οὔτι τὸν ἀρχαῖον ἐκεῖνον μόνον, ἀλλὰ καὶ ᾧ συνεστράτευτο ἐπὶ βασιλέα, καὶ τοὺς ἐπαίνους ξυγγράφων οὐκ ἀπεκρύπτετο.

2 Ἐμοὶ δὲ θαυμαστὸν εἶναι δοκεῖ, εἰ τοὺς ἄνδρας μὲν τοὺς καλοὺς προθύμως ἐπαινεσόμεθα, γυναῖκα δὲ ἀγαθὴν τῆς εὐφημίας οὐκ ἀξιώσομεν, ἀρετῆς οὐδὲν μεῖον αὐταῖς ἤπερ τοῖς ἀνδράσι προσήκειν ὑπολαμβάνοντες. Καὶ γὰρ εἶναι σώφρονα καὶ συνετὴν καὶ νέμειν ἑκάστῳ τὰ πρὸς τὴν ἀξίαν καὶ θαρραλέαν ἐν τοῖς δεινοῖς καὶ μεγαλόφρονα καὶ ἐλευθέριον, καὶ πάντα ὡς ἔπος εἰπεῖν ὑπάρχειν ἐκείνῃ οἰόμενοι χρῆναι τὰ τοιαῦτα, τῶν ἐπὶ τοῖς ἔργοις ἐγκωμίων ἀφαιρησόμεθα, τὸν ἐκ τοῦ κολακεύειν δοκεῖν ψόγον δεδοικότες;

Ὅμηρος δὲ οὐκ ᾐσχύνετο τὴν Πηνελόπην ἐπαινέσας οὐδὲ τὴν Ἀλκίνου γαμετήν, οὐδὲ εἴ τις ἄλλη διαφερόντως ἀγαθὴ γέγονεν ἢ καὶ ἐπὶ σμικρὸν ἀρετῆς μετεποιήθη, οὔκουν οὐδὲ ἐκείνη τῆς ἐπ' αὐτῷ τούτῳ διήμαρτεν εὐφημίας. Πρὸς δὲ αὖ τούτοις παθεῖν μὲν εὖ καὶ τυχεῖν τινος ἀγαθοῦ, σμικροῦ τε ὁμοίως καὶ μείζονος, οὐδὲν ἔλαττον παρὰ γυναικὸς ἢ παρὰ ἀνδρὸς δεξόμεθα, τὴν δὲ ἐπ' αὐτῷ χάριν ἀποτίνειν ὀκνήσομεν; Ἀλλὰ μή ποτε καὶ αὐτὸ τὸ δεῖσθαι καταγέλαστον εἶναι φῶσι καὶ οὐκ ἄξιον ἀνδρὸς ἐπιεικοῦς καὶ γενναίου, εἶναι δὲ καὶ τὸν Ὀδυσσέα τὸν σοφὸν ἀγεννῆ καὶ δειλόν, ὅτι τὴν τοῦ βασιλέως ἱκέτευε θυγατέρα παίζουσαν ἐπὶ τοῦ λειμῶνος ξὺν ταῖς ὁμήλιξι παρθένοις παρὰ τοῦ ποταμοῦ ταῖς ᾐόσι· μή ποτε οὖν οὐδὲ τῆς Ἀθηνᾶς τῆς τοῦ Διὸς ἀπόσχωνται παιδός, ἣν Ὅμηρός φησιν, ἀπεικασθεῖσαν παρθένῳ καλῇ καὶ γενναίᾳ, Ὀδυσσεῖ μὲν ἡγήσασθαι τῆς περὶ τὰ βασίλεια φερούσης ὁδοῦ, σύμβουλον δὲ αὐτῷ καὶ διδάσκαλον γενομένην ὧν ἐχρῆν εἴσω παρελθόντα δρᾶν καὶ λέγειν, καθάπερ τινὰ ῥήτορα ξὺν [τῇ] τέχνῃ τέλειον ᾆσαι βασιλίδος ἐγκώμιον, ἄνωθεν ἀπὸ τοῦ γένους ἀρξαμένην. Ἔχει δὲ αὐτῷ τὰ ὑπὲρ τούτων ἔπη τὸν τρόπον τόνδε·

und den Perser Kyros, nicht nur den älteren, sondern auch den [jüngeren] Kyros, mit dem er auf dem Kriegszug gegen den Großkönig gewesen war. Mit seinem Lob hielt er nicht hinter dem Berg, er fügte es vielmehr in seine historischen Darstellungen ein.

2 [104B] Mir käme es nun verwunderlich vor, wenn wir Männern von Wert und Rang bereitwillig unser Lob spenden, eine edle Frau aber nicht des Lobes für würdig halten; dabei meinen wir doch, dass sittlicher Wert den Frauen nicht weniger eigen ist als den Männern.[5] Stellen wir uns eine Frau vor, die besonnen und vernünftig ist, fähig, jedem das ihm Gebührende zuzuteilen, sowie mutig in Gefahren, hochgesinnt und großzügig – kurz dass all diese Fähigkeiten ihr zu eigen sind – sollen wir sie dann eines Lobpreises auf ihre guten Taten berauben [104C], nur weil wir fürchten, als Schmeichler getadelt zu werden?

Homer schämte sich nicht, Penelope und die Gattin des Alkinoos zu preisen, und andere Frauen, noch andere von besonderer sittlicher Größe, ja sogar solche, die auf einen derartigen Rang keinen besonderen Anspruch erheben können.[6] Penelope erhielt jedenfalls gebührendes Lob eben für ihre entsprechenden Vorzüge. Stellen wir uns noch Folgendes vor: Wir erfahren etwas Gutes und erhalten eine Wohltat, ob groß oder klein, [104D] sei es von einer Frau oder von einem Mann – und da sollten wir zögern, unsere Dankesschuld dafür abzutragen? Doch da mag es ja welche geben, die sagen, schon eine Bitte an eine Frau zu richten, sei verächtlich und für einen Mann von Rang und Ehre einfach unwürdig. Und sogar der weise Odysseus begebe sich auf das Niveau eines Unedlen, eines Feiglings, weil er die Tochter des Königs[7] um ihren Schutz anfleht, als sie mit ihren Mädchen auf der Wiese spielte, am Ufer des Flusses. Die solche Vorstellungen haben, die bekritteln sogar Athene, die Tochter des Zeus [105]. Von ihr sagt Homer, sie habe die Gestalt eines schönen und edlen Mädchens angenommen und habe Odysseus geleitet auf dem Weg, der zum Königspalast führte. Und sie gab ihm Ratschläge und unterwies ihn, was er tun und sagen sollte, sobald er den Palast betreten habe. Und dann sang sie sozusagen wie ein perfekter Redner einen vollendeten Lobpreis auf die Königin, wobei sie mit ihrer Ahnenfolge begann. Homers Verse lauten wie folgt:

---

seiner *Anabasis*.

5 Vgl. Plutarch, *Von den Tugenden der Frauen*, *Mor.* 242E-263C.

6 Die Gattin des Alkinoos: Arete bei den Phäaken. Andere lobwürdige Frauen: Andromache, die Gattin Hektors. Die letzteren: Helena, Kalypso und Kirke, die mit schmückenden Beiworten ausgezeichnet werden.

7 Nausikaa, *Od.* 6, 148ff.

Δέσποιναν μὲν πρῶτα κιχήσεαι ἐν μεγάροισιν·
Ἀρήτη δ' ὄνομ' ἐστὶν ἐπώνυμον, ἐκ δὲ τοκήων
Τῶν αὐτῶν, οἵπερ τέκον Ἀλκίνοον βασιλῆα.

Ἀναλαβὼν δὲ ἄνωθεν ἀπὸ τοῦ Ποσειδῶνος οἶμαι τὴν ἀρχὴν τοῦ γένους καὶ ὅσα ἔδρασάν τε καὶ ἔπαθον εἰπών, καὶ ὅπως αὐτὴν ὁ θεῖος, τοῦ πατρὸς ἀπολομένου νέου καὶ νυμφίου, ἔγημέ τε καὶ ἐτίμησεν

ὡς οὔτις ἐπὶ χθονὶ τίεται ἄλλη,

καὶ ὅσων τυγχάνει

Ἔκ τε φίλων παίδων ἔκ τ' αὐτοῦ Ἀλκινόοιο,

ἔτι δὲ οἶμαι τῆς γερουσίας καὶ τοῦ δήμου, οἳ καθάπερ θεὸν ὁρῶσι πορευομένην διὰ τοῦ ἄστεος, τέλος ἐπέθηκε ταῖς εὐφημίαις ζηλωτὸν ἀνδρὶ καὶ γυναικί,

Οὐ μὲν γάρ τι νόου γε καὶ αὐτὴ δεύεται ἐσθλοῦ

λέγων, καὶ ὡς κρίνειν εὖ ἠπίστατο οἷσίν τ' εὖ φρονέῃσι, καὶ διαλύειν τὰ πρὸς ἀλλήλους ἐγκλήματα τοῖς πολίταις ἀναφυόμενα ξὺν δίκῃ. "Ταύτην δὴ οὖν ἱκετεύσας, εἰ τύχοις εὔνου, πρὸς αὐτὸν ἔφη,

Ἐλπωρή τοι ἔπειτα φίλους τ' ἰδέειν καὶ ἱκέσθαι
Οἶκον ἐς ὑψόροφον·"

ὁ δ' ἐπείσθη τῇ ξυμβουλῇ. Ἆρ' οὖν ἔτι δεησόμεθα μειζόνων εἰκόνων καὶ ἀποδείξεων ἐναργεστέρων, ὥστε ἀποφυγεῖν τὴν ἐκ τοῦ κολακεύειν δοκεῖν ὑποψίαν; οὐχὶ δὲ ἤδη μιμούμενοι τὸν σο-

In den Hallen wirst du zuerst begegnen der Herrin;
Sie ist Arete genannt mit Namen und stammt von demselben
[105B] Stamme, von dem auch unser König Alkinoos herkommt.[8]

Homer geht dann zurück in der Ahnenreihe, und mit Poseidon beginnend erzählt er den Ursprung der Familie und was ihre Mitglieder alles taten und erlitten – und wie sie, Arete, als ihr Vater jungvermählt umgekommen und sie als einziges Kind übriggeblieben war, von ihrem Onkel Alkinoos zur Gattin genommen wurde, der sie in Ehren hielt

Wie keine der Frauen auf Erden geehrt ward. (*Od.* 7,67)

Und Homer erzählt von all den Ehrungen, die sie erhält [105C]

Von Alkinoos selbst und ihren blühenden Kindern (*Od.* 7,70),

und von der Ratsversammlung und dem Volk, die alle auf sie wie auf eine Göttin blicken, wenn sie durch die Stadt geht. Seinem Preis setzt er noch die Krone auf, wenn er das nennt, wonach Mann und Frau gleichermaßen streben sollten:

Denn es fehlt ihr auch selber nicht an königlichem Verstande. (*Od.* 7,73).

Und sie versteht sich gut darauf, Zwist zu schlichten bei denen, die ihr Wohlwollen genießen, [105D] und mit gerechtem Sinn die Streitigkeiten beizulegen, wie sie unter Bürgern entstehen.
Wenn du sie nun um ihren Schutz anflehst und findest ihr Wohlwollen, sagt die Göttin zu Odysseus,

O dann hoffe getrost, die Deinen wiederzusehen
und dein prächtiges Haus und deiner Väter Gefilde (*Od.* 7,76f.)

Und er gehorchte ihrem Rat. Brauche ich nun noch wirksamere Beispiele und deutlichere Beweise, um dem Verdacht zu entkommen, es ginge hier um Schmeichelei? Soll ich nicht dem weisen und göttlich inspirierten Poeten folgen [106] und ihn nachahmen[9] und

8 *Od.* 7, 53ff. Die Homerübersetzungen folgen Johann Heinrich Voß.
9 Homer galt als die Quelle aller Weisheit und Lebenskunst: *Homerikè Paideia*, eine Bildung und Erziehung auf der Basis Homers. Vgl. *Or.* 2,50C.

φὸν ἐκεῖνον καὶ θεῖον ποιητήν, ἐπαινέσομεν Εὐσεβίαν τὴν ἀρίστην, ἐπιθυμοῦντες μὲν ἔπαινον αὐτῆς ἄξιον διεξελθεῖν, ἀγαπῶντες δέ, εἰ καὶ μετρίως τυγχάνοιμεν οὕτω καλῶν καὶ πολλῶν ἐπιτηδευμάτων, καὶ τῶν ἀγαθῶν τῶν ὑπαρχόντων ἐκείνῃ, σωφροσύνης καὶ δικαιοσύνης, ἢ πρᾳότητος καὶ ἐπιεικείας, ἢ τῆς περὶ τὸν ἄνδρα φιλίας, ἢ τῆς περὶ τὰ χρήματα μεγαλοψυχίας, ἢ τῆς περὶ τοὺς οἰκείους καὶ ξυγγενεῖς τιμῆς. Προσήκει δὲ οἶμαι καθάπερ ἴχνεσιν ἑπόμενον τοῖς ἤδη ῥηθεῖσιν, οὕτω ποιεῖσθαι τὴν ξυνευφημίαν, τάξιν ἀποδιδόντα τὴν αὐτὴν ἐκείνῃ, πατρίδος τε, ὡς εἰκός, καὶ πατέρων μνημονεύοντα, καὶ ὅπως ἐγήματο καὶ ᾧτινι, καὶ τἆλλα πάντα τὸν αὐτὸν ἐκείνοις τρόπον.

3 Περὶ μὲν οὖν τῆς πατρίδος πολλὰ σεμνὰ λέγειν ἔχων, τὰ μὲν διὰ παλαιότητα παρήσειν μοι δοκῶ· φαίνεται γὰρ εἶναι τῶν μύθων οὐ πόρρω, ὁποῖον δή τι καὶ τὸ περὶ τῶν Μουσῶν λεγόμενον, ὡς εἶεν δήπουθεν ἐκ τῆς Πιερίας, οὐχὶ δὲ ἐξ Ἑλικῶνος εἰς τὸν Ὄλυμπον ἀφίκοιντο παρὰ τὸν πατέρα κληθεῖσαι. Τοῦτο μὲν δὴ καὶ εἰ δή τι τοιοῦτον ἕτερον, μύθῳ μᾶλλον ἢ λόγῳ προσῆκον, ἀπολειπτέον· ὀλίγα δὲ εἰπεῖν τῶν πᾶσι γνωρίμων τυχὸν οὐκ ἄτοπον οὐδὲ ἄπο τοῦ παρόντος λόγου. Μακεδόνων γὰρ οἰκίσαι φασὶ τὴν χώραν τοὺς Ἡρακλέους ἐγγόνους, Τημένου παῖδας, οἳ τὴν Ἀργείαν λῆξιν νεμόμενοι καὶ στασιάζοντες τέλος ἐποιήσαντο τὴν ἀποικίαν τῆς πρὸς ἀλλήλους ἔριδος καὶ φιλοτιμίας· εἶτα ἑλόντες τὴν Μακεδονίαν καὶ γένος ὄλβιον ἀπολιπόντες, βασιλεῖς ἐκ βασιλέων διετέλουν

Eusebia als eine edle Frau preisen, im Bestreben, dass mein Lobpreis ihrer würdig sein wird? Dabei will ich schon zufrieden sein, wenn es mir, auch in bescheidenem Maße, gelingt, so viele und bewundernswerte Taten wiederzugeben - und nicht nur Taten, sondern auch die edlen Tugenden, die sie besitzt: maßvolle Besonnenheit, Gerechtigkeit, Milde und Güte,[10] dazu die Zuneigung zu ihrem Gatten, ihre Großzügigkeit im Umgang mit Geld, [106B] oder die ehrenvolle Behandlung der Menschen in ihrer Umgebung und ihrer Verwandten. Ich mache es, glaube ich, richtig, wenn ich wie beim bisher Gesagten weiter dieser Spur folge, indem ich meiner Lobrede die gleiche Reihenfolge gebe wie Athene: also dass ich, wie es sich natürlicherweise ergibt, ihr Heimatland vor Augen stelle, ihre Ahnen, wie sie heiratete und wen, und all das andere in der Art und Weise wie bei Homer.

3 Über ihr Heimatland[11] hätte ich vieles Altehrwürdige zu sagen, aber eben weil es so altertümlich ist, denke ich es zu übergehen. Es scheint ja fast ins mythische Zeitalter zurückzureichen. [106C] Wie zum Beispiel die Geschichte von den Musen: dass sie nämlich in Wahrheit aus Pierien kamen und nicht vom Helikon, als sie ihren Einzug im Olymp hielten und eingeladen wurden, sich an die Seite ihres Vaters [Zeus] zu setzen.[12] Dies nun und Ähnliches von der Art gehört eher zu einem Mythos als zu einer Rede, und ich sollte es daher besser beiseitelassen. Aber einiges möchte ich doch vortragen, was nicht so allgemein bekannt und in diesem Zusammenhang wohl auch nicht unpassend ist. Makedonien wurde, so sagt man,[13] von den Nachkommen des Herakles besiedelt, den Söhnen des Temenos. Sie besaßen Argos als das ihnen durchs Los zugefallene Land, führten dann aber Parteikämpfe, und um den Streitigkeiten um Macht und Ehre ein Ende zu machen, [106D] sandten sie eine Kolonie aus. Sie nahmen Makedonien in Besitz; ihnen entstammte ein reich begütertes Geschlecht, sie wurden Könige, einer nach dem andern, als ob

---

10 Der Kanon der Tugenden gehört zu jeder Preisrede, (vgl. 109A, die Tugenden des Constantius) die Haupttugend ist *Sophrosyne*, die Mäßigung, Besonnenheit, auch Keuschheit umfasst. Julian beschreibt sie im *Misopogon - Der Barthasser* 343 umfassend als Tugend sowohl des rechten Bürgers wie des Herrschers.

11 Eusebia entstammte einer vornehmen Familie aus Thessalonike in Makedonien; ihr Vater war Konsul, auch ihre Brüder wurden Konsuln (Amm. 21,6,4).

12 Vgl. Hesiod *Erga* 1; *Theog.* 50-71. Pierien eine Landschaft nördlich vom Olymp, also in Makedonien. Helikon ein Berg in Böotien. Vgl. Sappho 58D/55V: die Rosen aus dem Musenland Pierien.

13 Herodot 8,137.

καθάπερ κλῆρον τὴν τιμὴν διαδεχόμενοι. Πάντας μὲν οὖν αὐτοὺς ἐπαινεῖν οὔτε ἀληθὲς οὔτε οἶμαι ῥᾴδιον· πολλῶν δὲ ἀγαθῶν ἀνδρῶν γενομένων καὶ καταλιπόντων Ἑλληνικοῦ τρόπου μνημεῖα πάγκαλα, Φίλιππος καὶ ὁ τούτου παῖς ἀρετῇ διηνεγκάτην πάντων, ὅσοι πάλαι Μακεδονίας καὶ Θρᾴκης ἦρξαν, οἶμαι δὲ ἔγωγε καὶ ὅσοι Λυδῶν ἢ Μήδων καὶ Περσῶν καὶ Ἀσσυρίων, πλὴν μόνου τοῦ Καμβύσου παιδός, ὃς ἐκ τῶν Μήδων ἐς Πέρσας τὴν βασιλείαν μετέστησεν. Ὁ μὲν γὰρ πρῶτος ἐπειράθη τὴν Μακεδόνων αὐξῆσαι δύναμιν, καὶ τῆς Εὐρώπης τὰ πλεῖστα καταστρεψάμενος ὅρον ἐποιήσατο πρὸς ἕω μὲν καὶ πρὸς μεσημβρίαν τὴν θάλατταν, ἀπ' ἄρκτων δὲ οἶμαι τὸν Ἴστρον καὶ πρὸς ἑσπέραν τὸ Ὠρικὸν ἔθνος· ὁ τούτου δὲ αὖ παῖς ὑπὸ τῷ Σταγειρίτῃ σοφῷ τρεφόμενος τοσοῦτον μεγαλοψυχίᾳ τῶν ἄλλων ἁπάντων διήνεγκε καὶ προσέτι τὸν αὑτοῦ πατέρα τῇ στρατηγίᾳ καὶ τῇ θαρραλεότητι καὶ ταῖς ἄλλαις ἀρεταῖς ὑπερβαλλόμενος, ‹ὥστε› οὐκ ἄξιον αὑτῷ ζῆν ὑπελάμβανεν εἰ μὴ ξυμπάντων μὲν ἀνθρώπων, πάντων δὲ ἐθνῶν κρατήσειεν. Οὐκοῦν τὴν μὲν Ἀσίαν ἐπῆλθε σύμπασαν καταστρεφόμενος, καὶ ἀνίσχοντα πρῶτος ἀνθρώπων τὸν ἥλιον προσεκύνει, ὡρμημένον δὲ αὐτὸν ἐπὶ τὴν Εὐρώπην, ὅπως τὰ λειπόμενα περιβαλόμενος γῆς τε ἁπάσης καὶ θαλάττης κύριος γένοιτο, τὸ χρεὼν ἐν Βαβυλῶνι

diese Würde ihr Erbteil sei.[14] Sich über alle diese Herrscher lobend zu äußern, entspräche nicht der Wahrheit und wäre wohl auch nicht so leicht. Doch wenn auch viele von ihnen tüchtige Männer waren und großartige Denkmäler hellenischen Wesens hinterlassen haben,[15] Philipp und sein Sohn überragten in ihrer Heldenhaftigkeit alle, [107] die jemals Makedonien und Thrakien regierten. Und ich kann wohl sagen, auch alle, welche die Lyder regierten, die Meder und Perser und Assyrer, ausgenommen den Sohn des Kambyses[16], der die Königsherrschaft von den Medern auf die Perser übertrug. Philipp war ja der erste, der es unternahm, die Macht der Makedonen zu vergrößern, und als er den größten Teil von Europa unterworfen hatte, machte er das Meer zur Grenze seines Reiches von Osten bis zum Süden; [107B] im Norden war wohl die Donau die Grenze und im Westen das Volk von Orikos.[17] Und dann sein Sohn, erzogen unter der Obhut des Weisen aus Stageira[18] – er übertraf alle übrigen so sehr an Seelengröße und dazu noch seinen Vater auf militärischem Gebiet, an Kühnheit und in allen anderen Tugenden – für ihn war das Leben nicht lebenswert, wenn er nicht alle Menschen und alle Völker sich unterwarf.[19] Also durchzog er ganz Asien und eroberte es, und er war der erste der Menschen, [107C] der die aufgehende Sonne verehrte.[20] Aber als er sich wieder nach Europa wenden wollte, um sich auch der restlichen Teile dort zu bemächtigen und so der Herr der gesamten Welt zu Wasser und zu Lande zu

14 Vgl. Aristoteles *Politik* 5,10: Alle, die zur königlichen Würde gelangten, erhielten sie auf verschiedene Weise, so die Könige bei den Makedonen, indem sie Landstriche bebauten oder erwarben. Vgl. S. Müller: Die Argeaden. Geschichte Makedoniens bis zum Zeitalter Alexanders des Großen. Paderborn 2016.

15 Ob die Makedonen echte Griechen waren, war lange Zeit umstritten. König Philipp II. musste sich die Teilnahme an den Olympischen Spielen noch erkaufen, Demosthenes bezeichnete die Makedonen als Barbaren. Daher die Betonung, Eusebias Familie sei rein griechischen Ursprungs (110B).

16 Kyros der Ältere: rhetorische Figur der Ant-onomasie, der Eigenname wird weggelassen: Alexander, oder umschrieben, z.B. 127D die Amazone: Penthesilea. Vgl. im Folgenden: der Weise aus Stageira, Aristoteles, und auch 124B: Caesar.

17 Hafenstadt an der Küste von Illyrien-Epirus, mit Schiffsverbindungen nach Italien.

18 Stadt an der Ostküste der Chalkidike, Geburtsort des Aristoteles.

19 Vgl. Julian, *Caesares – Das Kaiserbankett* 330B.

20 Alexander kam bis nach Indien; die Inder verehren die aufgehende Sonne. Bei seiner Umkehr am Fluss Hyphasis ließ er Altäre errichten, einen davon dem Sonnengott der Inder. Vgl. Philostrat, *Vit. Apoll.* 2,43.

κατέλαβε. Μακεδόνες δὲ ἁπάντων ἦρχον, ὧν ὑπ' ἐκείνῳ κτησάμενοι πόλεων καὶ ἐθνῶν ἔτυχον. Ἆρ' οὖν ἔτι χρὴ διὰ μειζόνων τεκμηρίων δηλοῦν ὡς ἔνδοξος μὲν ἡ Μακεδονία καὶ μεγάλη τὸ πρόσθεν γένοιτο; ταύτης δὲ αὐτῆς τὸ κράτιστον ἡ πόλις ἐκείνη, ἣν ἀνέστησαν, πεσόντων οἶμαι Θετταλῶν, τῆς κατ' ἐκείνων ἐπώνυμον νίκης.

4 Καὶ περὶ μὲν τούτων οὐδὲν ἔτι δέομαι μακρότερα λέγειν· εὐγενείας γε μὴν τί ἂν ἔχοιμεν ἔτι πράγματα ἐπιζητοῦντες φανερώτερον καὶ ἐναργὲς μᾶλλον τεκμήριον; θυγάτηρ γάρ ἐστιν ἀνδρὸς ἀξίου νομισθέντος τὴν ἐπώνυμον τοῦ ἔτους ἀρχὴν ‹ἄρχειν›, πάλαι μὲν ἰσχυρὰν καὶ βασιλείαν ἀτεχνῶς νομιζομένην, μεταβαλοῦσαν δὲ διὰ τοὺς οὐκ ὀρθῶς χρωμένους τῇ δυνάμει τὸ ὄνομα· νῦν δὲ ἤδη τῆς δυνάμεως ἐπιλειπούσης, ἐπειδὴ πρὸς μοναρχίαν

werden – da musste er in Babylon dem Schicksal seinen Tribut zollen.[21] Die Makedonen aber wurden Herrscher über alle die Städte und Völker, die sie unter seiner Führung erobert hatten. Ist es nun notwendig, anhand von noch eindrücklicheren Beispielen zu zeigen, dass Makedonien [107D] ruhmvoll und groß war von alters her? Die bedeutendste Stätte aber ist die Stadt, die sie wiederaufgebaut haben, es war, denke ich, nach dem Einfall der Thessalier, und sie ist benannt nach dem Sieg über sie.[22]

4 Doch über dies alles muss ich nicht noch ausführlicher sprechen. Ihre – Eusebias[23] - edle Abkunft aber – soll ich dafür noch ein klareres oder deutlicheres Zeugnis bieten als dieses: Sie ist die Tochter eines Mannes, der für würdig gehalten wurde, das Amt innezuhaben, das dem Jahr seinen Namen gibt.[24] Dieses Amt war in der Vergangenheit machtvoll und wurde geradezu königlich genannt. [108] Es hat diesen Ehrentitel aber eingebüßt, da es welche gab, die ihre Macht missbrauchten. Nun hat das Amt seine Machtbefugnis gänzlich verloren, nachdem die Staatsform sich zur Monarchie wandel-

---

21 Alexander starb dort 323 v. Chr.

22 Thessalo-nike der Sieg über die Thessalier. Philipp II. siegte 352 über Onomarchos, der in Thessalien eingefallen war. Nach gängiger Version wurde die Stadt 315 von dem Alexandernachfolger Kassandros gegründet und nach seiner Frau Thessalonike benannt, einer Tochter Philipps. Eine Statuenbasis im Museum trägt die Inschrift: *Thessalonike Philippou Basilissa.* (Tochter Philipps, Königin). Philipp hatte zwei Thessalierinnen geheiratet, um sich mit den Thessaliern zu verbinden, vgl. Athenaios 13, 555a-d. Die Stadt Thessaloniki gilt noch heute als Griechenlands zweite Metropole.

23 Julian nennt die Kaiserin nur selten beim Namen, was im Dt. nicht nachzuahmen ist. Es ist offenbar eine Situation vorgestellt, in der Eusebia persönlich anwesend ist und die Rede anhört. Der Kaiser wird auch nicht beim Namen genannt; er heißt *basileus*, König, der im Osten des Reiches gebräuchliche Titel für den Herrscher, auch einmal *autokrator*, 123A, dem Titel Imperator entsprechend, der in heutigen nichtdeutschen Übersetzungen hauptsächlich verwendet wird als empereur, Emperor, Imperatore: z. B. Emperor Julian, auch als Eigenname, statt Julian Apostata (der Abtrünnige).

24 Das Konsulat. Die Jahre wurden noch immer nach den beiden amtierenden Konsuln genannt und so in den Konsulatslisten geführt, die dem Kalender entsprachen. Für das Jahr 347 wird ein Flavius Eusebius als Konsul genannt, der *magister equitum et peditum* war, also ein General mit weitreichenden Vollmachten, der dem Kaiser unmittelbar unterstand. Er ist vermutlich der Vater Eusebias und war ein *homo novus*, also der erste seiner Familie, der dieses höchste Amt des Konsulats erreichte, was Julians etwas gewundene Redeweise im Folgenden erklärt. Er war schon verstorben. Auch Eusebias Brüder wurden Konsuln, vgl. Amm. 18,1.1.

τὰ τῆς πολιτείας μεθέστηκε, τιμὴ καθ' αὑτὴν τῶν ἄλλων ἁπάντων στερομένη πρὸς πᾶσαν ἰσχὺν ἀντίρροπος εἶναι δοκεῖ, τοῖς μὲν ἰδιώταις οἷον ἆθλον ἀποκειμένη καὶ γέρας ἀρετῆς ἢ πίστεως ἤ τινος εὐνοίας καὶ ὑπηρεσίας περὶ τοὺς τῶν ὅλων ἄρχοντας ἢ πράξεως λαμπρᾶς, τοῖς βασιλεῦσι δὲ πρὸς οἷς ἔχουσιν ἀγαθοῖς οἷον ἄγαλμα καὶ κόσμος ἐπιτιθεμένη· τῶν μὲν γὰρ ἄλλων ὀνομάτων τε καὶ ἔργων ὁπόσα τῆς παλαῖας ἐκείνης πολιτείας διασώζει τινὰ φαύλην καὶ ἀμυδρὰν εἰκόνα, ἢ παντάπασιν ὑπεριδόντες διὰ τὴν ἰσχὺν κατέγνωσαν, ἢ προσιέμενοί γε διὰ βίου καρποῦνται τὰς ἐπωνυμίας· μόνης δὲ οἶμαι ταύτης οὐδὲ τὴν ἀρχὴν ὑπερεῖδον, χαίρουσι δὲ καὶ πρὸς ἐνιαυτὸν τυγχάνοντες· καὶ οὔτε ἰδιώτης οὐδεὶς οὔτε βασιλεύς ἐστιν ἢ γέγονεν, ὃς οὐ ζηλωτὸν ἐνόμισεν ὕπατος ἐπονομασθῆναι. Εἰ δέ, ὅτι πρῶτος ἔτυχεν ἐκεῖνος καὶ γέγονεν ἀρχηγὸς τῷ γένει τῆς εὐδοξίας, ἔλαττόν τις ἔχειν αὐτὸν τῶν ἄλλων ὑπολαμβάνει, λίαν ἐξαπατώμενος οὐ μανθάνει· τῷ παντὶ γὰρ οἶμαι κρεῖττόν ἐστι καὶ σεμνότερον ἀρχὴν παρασχεῖν τοῖς ἐγγόνοις περιφανείας τοσαύτης, ἢ λαβεῖν παρὰ τῶν προγόνων· ἐπεὶ καὶ πόλεως μεγίστης οἰκιστὴν γενέσθαι κρεῖττον ἢ πολίτην, καὶ λαβεῖν ὁτιοῦν ἀγαθὸν ἢ ‹δοῦναι› τῷ παντὶ καταδεέστερον. Λαμβάνειν δὲ ἐοίκασι παρὰ τῶν πατέρων οἱ παῖδες καὶ οἱ πολῖται παρὰ τῶν πόλεων οἷον ἀφορμάς τινας πρὸς εὐδοξίαν· ὅστις δὲ ἀποδίδωσι πάλιν ἐξ ἑαυτοῦ προγόνοις τε καὶ πατρίδι μείζονα τιμῆς ὑπόθεσιν, λαμπροτέραν μὲν ἐκείνην καὶ σεμνοτέραν, τοὺς πατέρας δὲ ἐνδοξοτέρους ἀποφαίνων, οὗτος οὐδενὶ καταλείπει πρὸς εὐγενείας ἅμιλλαν λόγον, οὐδὲ ἔστιν ὅστις ἐκείνου φήσει κρείττων γεγονέναι· ἐξ ἀγαθῶν μὲν γὰρ ἀγαθὸν φῦναι χρή, ὁ δὲ ἐξ ἐνδόξων ἐνδοξότερος γενόμενος, ἐς ταὐτὸν ἀρετῇ τῆς τύχης πνεούσης, οὗτος οὐδενὶ δίδωσιν ἀπορεῖν εἰ τῆς εὐγενείας εἰκότως μεταποιεῖται.

te. Die bloße Ehrenstellung jedoch, obwohl aller Machtfunktionen beraubt, scheint ein Gegengewicht zu bilden, das alle reale Macht aufwiegt. So ist sie wie ein Ehrenpreis ausgesetzt für die Bürger, für Tüchtigkeit, Loyalität, Zuvorkommenheit oder eine Dienstleistung gegenüber den Herrschern, oder eine glänzende Tat. [108B] Den Kaisern aber wird diese Würde zu den Privilegien, die sie bereits haben, zusätzlich übertragen, als Zierde und Schmuck. All die anderen Titel und Ämter, die noch ein schwaches und schattenhaftes Bild jener alten Staatsform bewahren, die haben die Kaiser entweder aufgrund ihrer absoluten Machtstellung verachtet und abgelehnt, oder sie haben sie an sich gezogen und bleiben lebenslang im Genuss dieses Titels. Nur dieses eine Amt, das Konsulat haben sie, meine ich, von Anfang an nicht gering geachtet, sondern sie freuen sich vielmehr, wenn sie es für ein Jahr innehaben. [108C] Keinen Privatmann und keinen Kaiser gibt es, der es nicht für erstrebenswert gehalten hätte, Konsul genannt zu werden.[25] Wenn nun aber jemand als erster seines Geschlechts diesen Titel erworben und damit den Grund gelegt hat für Ruhm und Ehre seiner Familie, und es kommt nun einer, der denkt, dieser sei von geringerem Rang als die anderen, dann sieht er nicht ein, wie sehr er sich täuscht. Es ist nämlich meiner Überzeugung nach auf jeden Fall trefflicher und ehrenvoller, das Fundament einer solchen Ehrenstellung für die Nachkommen zu legen, [108D] als diese von den Vorfahren als Erbteil zu übernehmen. Ist es doch auch bedeutender, der Gründer einer mächtigen Stadt zu sein, anstatt nur ein Einwohner dort, und irgendeine Wohltat zu empfangen ist auf jeden Fall weniger rühmlich als eine zu erweisen. Es scheinen aber die Kinder von ihren Vätern und die Bürger von ihren Städten sozusagen ein Startkapital für eine ruhmvolle Laufbahn zu erhalten. Wer aber aufgrund seiner eigenen Leistung seinen Vorfahren und seinem Heimatland die Ehre in noch höherem Maße zurückzahlt, wobei er sein Land noch glänzender und würdiger, seine Väter noch berühmter macht, der lässt keinem eine Chance, seinen Adel anzufechten. Auch gibt es keinen, der von sich behaupten könne, er sei edler als jener Mann. [109] Denn edle Eltern müssen ja notwendigerweise eine edle Nachkommenschaft haben. Doch wer ruhmreichen Eltern entstammt und sich selbst noch mehr Ruhm gewinnt, wobei Fortuna ihm zu seiner Tüchtigkeit noch günstigen Wind schickt, der gibt niemandem Anlass zum Zweifel, dass er seinen Adel zu Recht beansprucht.

---

25 In seinem *Panegyricus* lobt Plinius Kaiser Trajan besonders wegen seiner Würdigung des Konsulats. Julian achtete selbst das Konsulamt sehr hoch. Als Kaiser ging er am Neujahrstag 362 in Konstantinopel zu Fuß im Zug der neuernannten Konsuln mit (Amm. 22,7.1f.)

5 Εὐσεβία δέ, περὶ ἧς ὁ λόγος, παῖς μὲν ὑπάτου γέγονε, γαμετὴ δέ ἐστι βασιλέως ἀνδρείου, σώφρονος, συνετοῦ, δικαίου, χρηστοῦ καὶ πρᾴου καὶ μεγαλοψύχου, ὃς ἐπειδὴ πατρῴαν οὖσαν αὐτῷ τὴν ἀρχὴν ἀνεκτήσατο, ἀφελόμενος τοῦ βίᾳ λαβόντος, γάμου τε ἐδεῖτο πρὸς παίδων γένεσιν, οἳ κληρονομήσουσι τῆς τιμῆς καὶ τῆς ἐξουσίας, ταύτην ἀξίαν ἔκρινε τῆς κοινωνίας, γεγονὼς ἤδη σχεδόν τι τῆς οἰκουμένης ἁπάσης κύριος. Καίτοι πῶς ἄν τις μείζονα μαρτυρίαν ἐπιζητήσειε τῆσδε, οὐ μόνον περὶ τῆς εὐγενείας αὐτῆς, ὑπὲρ δὲ ἁπάντων ἁπλῶς ὅσα χρῆν οἶμαι τὴν βασιλεῖ τοσούτῳ συνιοῦσαν, καθάπερ φερνὴν οἴκοθεν ἐπιφερομένην, κομίζειν ἀγαθά, παιδείαν ὀρθήν, σύνεσιν ἐμμελῆ, ἀκμὴν καὶ ὥραν σώματος καὶ κάλλος τοσοῦτον, ὥστε ἀποκρύπτεσθαι τὰς ἄλλας παρθένους, καθάπερ οἶμαι περὶ τῇ σελήνῃ πληθούσῃ οἱ διαφανεῖς ἀστέρες καταυγαζόμενοι κρύπτουσι τὴν μορφήν.

Ἓν μὲν γὰρ τούτων οὐδὲ ἓν ἐξαρκεῖν δοκεῖ πρὸς κοινωνίαν βασιλέως, πάντα δὲ ἅμα, ὥσπερ θεοῦ τινος ἀγαθῷ βασιλεῖ καλὴν καὶ σώφρονα πλάττοντος τὴν νύμφην, εἰς ταὐτὸ συνεληλυθότα πόρρωθεν καὶ οὐκ ἀπὸ τῶν ὀμμάτων ἐφελκυσάμενα μάλα ὄλβιον ἦγε τὸν νυμφίον. Κάλλος μὲν γὰρ τῆς ἐκ τοῦ γένους βοηθείας καὶ τῶν ἄλλων ἀγαθῶν οἶμαι στερόμενον οὐδὲ ἰδιώτην ἀκόλαστον ἰσχύει πείθειν τὴν γαμήλιον ἀνάψαι λαμπάδα, ἄμφω δὲ ἅμα συνελθόντα γάμον μὲν ἥρμοσε πολλάκις, ἀπολειπόμενα δὲ τῆς ἐκ τῶν τρόπων ἁρμονίας καὶ χάριτος οὐ λίαν ἐφάνη ζηλωτά.

6 Ταῦτα ἐπιστάμενον σαφῶς τὸν βασιλέα τὸν σώφρονα φαίην ἂν εἰκότως πολλάκις βουλευσάμενον ἑλέσθαι τὸν γάμον, τὰ μὲν οἶμαι πυνθανόμενον ὅσα χρῆν δι᾽ ἀκοῆς περὶ αὐτῆς μαθεῖν, τεκμαιρόμενον δὲ ἀπὸ τῆς μητρὸς τὴν εὐταξίαν· ὑπὲρ ἧς τὰ μὲν

5 Eusebia nun, um die es in meiner Rede hier geht, ist geboren als Tochter eines Konsuls und ist die Gattin eines Kaisers, der Tapferkeit, Besonnenheit, Einsicht, Gerechtigkeit, Tüchtigkeit, Milde und Hochherzigkeit besitzt. [109B] Nachdem er nun seine Herrschaft, die sein väterliches Erbe war, zurückgewonnen hatte von dem, der sie gewaltsam an sich gerissen hatte,[26] da dachte er an eine Heirat, um Söhne zu haben, die seine Ehren- und Machtstellung erben würden. Und er erwählte diese Dame als würdige Partnerin an seiner Seite, gerade damals, als er Herr über fast die ganze Welt geworden war. Und was sollte man noch nach einem stärkeren Beweis suchen für ihre Würdigkeit? Dafür dient nicht nur ihre edle Abkunft, [109C] sondern alle diese Gaben und Vorzüge, die sie, in ihrer Verbindung mit einem so großen Herrscher, mit sich bringt, gewissermaßen von zu Hause als ihr Heiratsgut: Erziehung und Bildung, einen regen Verstand und einen Körper in der Blüte der Jugend und von solcher Schönheit, dass sie alle anderen Jungfrauen in den Schatten stellte, gerade so, meine ich, wie die leuchtenden Sterne, wenn sie den Mond im vollen Licht erblicken, überstrahlt werden und ihre Gestalt verhüllen.[27]

Von diesen Vorzügen hätte ja keiner allein genügt für ein Leben an der Seite eines Kaisers, doch alle zusammen – [109D] so als ob ein Gott für einen hervorragenden Kaiser eine ebenso schöne wie kluge Braut geschaffen habe – sind in ihrer Person vereint und erfreuten nicht nur seine Augen, sondern brachten diesem Bräutigam wahrlich himmlischen Segen. Schönheit allein, wenn sie nicht unterstützt wird von einer edlen Abkunft und den anderen Vorzügen, die ich erwähnt habe, verführt nicht einmal einen einfachen Bürger, auch wenn er leidenschaftlich verliebt ist, dazu, die Hochzeitsfackel anzuzünden, beides vereint aber brachte schon des Öfteren Heiraten zustande, doch wenn die Harmonie der Charaktereigenschaften und die persönliche Ausstrahlung fehlen, dann sind solche Verbindungen keineswegs wünschenswert. [110]

6 Darüber war sich, so kann ich mit gutem Grund sagen, der Kaiser in seiner Klugheit durchaus im Klaren, und er hat die Wahl zu seiner Heirat nach eingehender Überlegung getroffen, indem er Erkundigungen einzog, zunächst was er vom Hörensagen über sie in Erfahrung bringen konnte; dann aber schloss er von ihrer Mutter[28] auf die edle Art ihrer Tochter. Über sie, die Mutter, muss ich

26 Der Usurpator Magnentius, 350-353, vgl. *Or.*1, Julians erste Rede auf Constantius.

27 Nach Versen Sapphos 4D/34V.

28 In seiner Rede auf Constantius (*Or.* 1, 9B–C) hebt Julian Fausta, dessen

ἄλλα τί δεῖ λέγοντας διατρίβειν, καθάπερ οὐκ ἔχοντας ἴδιον ἐγκώμιον ὑπὲρ ἧς ὁ λόγος διελθεῖν; Τοσοῦτον δὲ ἴσως οὔτε εἰπεῖν οὔτε ἐπακοῦσαι πολὺ καὶ ἐργῶδες, ὅτι δὴ γένος μὲν αὐτῇ σφόδρα Ἑλληνικόν, Ἑλλήνων τῶν πάνυ, καὶ πόλις ἡ μητρόπολις τῆς Μακεδονίας, σωφροσύνη δὲ ὑπέρ τε Εὐάδνην τὴν Καπανέως καὶ τὴν Θετταλὴν ἐκείνην Λαοδάμειαν. Αἱ μὲν γὰρ καλοὺς καὶ νέους καὶ ἔτι νυμφίους τοὺς ἄνδρας ἀφαιρεθεῖσαι δαιμόνων βίᾳ βασκάνων ἢ μοιρῶν νήμασι, τοῦ ζῆν ὑπερεῖδον διὰ τὸν ἔρωτα, ἡ δέ, ἐπειδὴ τὸ χρεὼν τὸν κουρίδιον αὐτῆς ἄνδρα κατέλαβε, τοῖς παισὶ προσκαθημένη τοσοῦτον ἐπὶ σωφροσύνῃ κλέος αὑτῇ εἰργάσατο, ὥστε τῇ μὲν Πηνελόπῃ, περιόντος ἔτι καὶ πλανωμένου τοῦ γήμαντος, προσῄει τὰ μειράκια μνηστευσόμενα ἔκ τε Ἰθάκης καὶ Σάμου καὶ Δουλιχίου, τῇ δὲ ἀνὴρ μὲν οὐδεὶς καλὸς καὶ μέγας ἢ ἰσχυρὸς ἢ πλούσιος [ὃς] ὑπὲρ τούτων εἰς λόγους ἐλθεῖν ὑπέμεινέ ποτε· τὴν θυγατέρα δὲ βασιλεὺς ἑαυτῷ συνοικεῖν ἀξίαν ἔκρινε, καὶ ἔδρασε τὸν γάμον λαμπρῶς μετὰ τὰ τρόπαια, ἔθνη καὶ πόλεις καὶ μούσας ἑστιῶν.

7 Εἰ δέ τις ἄρα ἐκείνων ἐπακούειν ποθεῖ, ὅπως μὲν ἐκ Μακεδονίας ἐκαλεῖτο μετὰ τῆς μητρὸς ἡ νύμφη, τίς δὲ ἦν ὁ τῆς πομπῆς τρόπος ἁρμάτων καὶ ἵππων καὶ ὀχημάτων παντοδαπῶν χρυσῷ καὶ ἀργύρῳ καὶ ὀρειχάλκῳ μετὰ τῆς ἀρίστης τέχνης εἰργασμένων, ἴστω παιδικῶν σφόδρα ἀκουσμάτων ἐπιθυμῶν· καθάπερ γὰρ οἶμαι κιθαρῳδοῦ τινος δεξιοῦ τὴν τέχνην· ἔστω δέ, εἰ βούλει, Τέρπανδρος οὗτος ἢ ὁ Μηθυμναῖος ἐκεῖνος, ὃν δὴ λόγος ἔχει δαιμονίᾳ πομπῇ χρησάμενον φιλομουσοτέρου τοῦ δελφῖνος τυχεῖν ἢ τῶν

mir da die Zeit nehmen, um viel zu sagen, als hätte ich nicht über die Tochter zu sprechen, die das Thema meiner Rede ist? Doch so viel muss ich wohl sagen, [110B] ohne dass es euch als Hörern zu viel oder gar lästig wird: Ihre Familie nämlich ist rein griechisch, ja griechisch von reinstem Ursprung, und ihre Geburtsstadt ist die Metropole von Makedonien [Thessalonike]. Und sie, die Mutter, zeigte mehr Selbstbeherrschung und Besonnenheit,[29] als Euadne, die Gattin des Kapaneus, und Laodamia aus Thessalien. Diese hatten ja beide ihre Ehegatten verloren, schöne junge Männer und gerade verheiratet, sei es durch die Macht feindlicher Dämonen oder weil die Schicksalsgöttinnen ihren Faden so gesponnen hatten – sie warfen ihr Leben weg, aus Liebe. Die Mutter der Kaiserin aber – als sie das Schicksal traf, ihren Ehegatten in jungen Jahren zu verlieren –, [110C] sie widmete ihr künftiges Leben ihren Kindern und gewann solchen Respekt durch ihre kluge, besonnene Art, dass sie sozusagen noch Penelope übertraf. Denn während deren Gatte noch auf seinen Irrfahrten unterwegs war, wurde sie bedrängt von den jungen Männern, die aus Ithaka, Samos und Dulichion kamen und sie heiraten wollten. Unserer Dame aber getraute sich kein Mann jemals, ob schön, groß, mächtig und reich, solche Anträge zu machen. Und deren Tochter erachtete der Kaiser für würdig, an seiner Seite zu leben. Als er die Trophäen seiner Siege aufgestellt hatte, feierte er eine glanzvolle Hochzeit [110D] und ließ Nationen, Städte und die Musen daran teilnehmen.[30]

7 Vielleicht möchte nun einer hören, wie etwa die Braut eingeladen wurde, mit ihrer Mutter aus Makedonien zu kommen, und wie der festliche Zug aussah, mit Karossen, Pferden und Transportwagen aller Art, verziert mit Gold, Silber und Kupfer, mit feinster Kunst angefertigt. Dem möchte ich aber sagen, dass er geradezu kindisch ist, wenn er von solchen Dingen hören will. Das ist doch wohl gerade so, wie bei dem Kitharaspieler, [111] der ein großer Künstler in seinem Fach ist – nennen wir, wenn man will, Terpander oder den aus Me-

Mutter, hervor. Hier ist die Behandlung der Mutter umso wichtiger, da der Vater schon verstorben ist.

29 *Sophrosyne*. Die genannten mythischen Frauen galten als Muster der Gattentreue: Euadne warf sich in den brennenden Scheiterhaufen ihres Gatten Kapaneus, eines der Sieben gegen Theben, um sich im Tod mit ihm zu vereinen. Laodamia war die Gattin des Protesilaos, der als erster der Griechen auf dem Feldzug nach Troja starb. Er durfte noch einmal zu ihr zurückkehren, und sie begleitete ihn zurück in den Hades.

30 Winter 352/353 in Mailand (Mediolanum). Die Musen sind ein Hinweis auf ihre griechische Bildung.

ξυμπλεόντων, καὶ ἐπὶ τὴν Λακωνικὴν ἄκραν κομισθῆναι· ἔθελγε γὰρ οἶμαι τοὺς δυστυχεῖς ναύτας ὅσα ἐκεῖνος ἀπὸ τῆς τέχνης εἰργάσατο, αὐτῆς δὲ ἐκείνης ὑπερεώρων καὶ οὐδεμίαν ὤραν ἐποιοῦντο τῆς μουσικῆς· εἰ δὴ οὖν τις τοῖν ἀνδροῖν ἐκείνοιν τὸν κράτιστον ἐπιλεξάμενος καὶ ἀποδοὺς τὸν περὶ τὸ σῶμα κόσμον τῇ τέχνῃ πρέποντα, εἶτα ἐς θέατρον παραγάγοι παντοδαπῶν ἀνδρῶν καὶ γυναικῶν καὶ παίδων φύσει τε καὶ ἡλικίᾳ καὶ τοῖς ἄλλοις ἐπιτηδεύμασι διαφερόντων, οὐκ ἂν οἴεσθε τοὺς μὲν παῖδας καὶ τῶν ἀνδρῶν καὶ γυναικῶν ὁπόσοι τοιοῦτοι, εἰς τὴν ἐσθῆτα καὶ τὴν κιθάραν ἀποβλέποντας ἐκπεπλῆχθαι δεινῶς πρὸς τὴν ὄψιν, τῶν ἀνδρῶν δὲ τοὺς ἀμαθεστέρους καὶ γυναικῶν πλὴν σφόδρα ὀλίγων ἅπαν τὸ πλῆθος ἡδονῇ καὶ λύπῃ κρίνειν τὰ κρούματα, μουσικὸν δὲ ἄνδρα, τοὺς λόγους ἐξεπιστάμενον τῆς τέχνης, οὔτε μιγνύμενα τὰ μέλη τῆς ἡδονῆς χάριν φαύλως ἀνέχεσθαι, δυσχεραίνειν δὲ καὶ εἰ τοὺς τρόπους τῆς μουσικῆς διαφθείροι καὶ εἰ ταῖς ἁρμονίαις μὴ δεόντως χρῷτο μηδὲ ἑπομένως τοῖς νόμοις τῆς ἀληθινῆς καὶ θείας μουσικῆς; ὁρῶν δὲ ἐμμένοντα τοῖς νομισθεῖσι καὶ οὐ κίβδηλον ἡδονήν, καθαρὰν δὲ καὶ ἀκήρατον τοῖς θεαταῖς ἐνεργασάμενον, ἄπεισι τοῦτον ἐπαινῶν καὶ ἐκπληττόμενος, ὅτι δὴ σὺν τέχνῃ μηδὲν ἀδικῶν τὰς Μούσας τῷ θεάτρῳ ξυγγέγονε. Τὸν δὲ τὴν ἁλουργίδα καὶ τὴν κιθάραν ἐπαινοῦντα ληρεῖν οἴεται καὶ ἀνοηταίνειν· καὶ εἰ μετὰ πλείονος τὰ τοιαῦτα διηγεῖται, λέξει τε ἡδίστῃ κοσμῶν καὶ ἐπιλεαίνων τὸ φαῦλον καὶ ἀγεννὲς τῶν διηγημάτων, γελοιότερον

thymna[31]. Von ihm wird ja erzählt, er habe einen wundersamen Geleitzug gehabt und konnte erfahren, dass der Delphin mehr Musikverständnis hatte als seine Mitreisenden. Und so wurde er sicher an die Küste am Vorgebirge von Lakonien [Kap Tainaron] gebracht. Er entfaltete doch, meine ich, den ganzen Zauber seiner Kunst vor den erbärmlichen Seeleuten, aber diese missachteten sie und kümmerten sich überhaupt nicht um seine musikalische Darbietung. [111B] Wenn nun irgend jemand sich von den beiden Musikern, die wir genannt haben, den besten auswählte, ihn in ein Gewand kleidete, wie es zu seiner Kunst passte, und ihn in ein Theater brachte, voll von Menschen aller Art: Männer, Frauen und Kinder, ganz verschieden in ihrem Äußeren, im Alter und in der Art ihrer Beschäftigung – meint ihr da nicht, dass die Kinder und diejenigen von den Männern und Frauen mit mehr kindlichem Geschmack auf das Gewand und die Kithara starren, ganz hingerissen von seiner Erscheinung, während die weniger gebildeten von den Männern und die ganze Menge der Frauen – ausgenommen einige wenige – [111C] dass die also den musikalischen Vortrag einfach nur danach beurteilen, ob er ihnen gefallen hat oder nicht. Ein Musikkenner aber, der die Regeln der Kunst kennt, würde es nicht hinnehmen, dass die Melodien, nur damit sie sich schön anhören, irgendwie zusammengemischt sind. Es würde ihn sehr stören, wenn der Musiker die Tonfolgen durcheinanderbringt, die Harmonien nicht in rechter Weise verwendet und nicht gemäß den Gesetzen wahrer und göttlich inspirierter Musik. Wenn er aber erlebt, dass der Musiker den Regeln seiner Kunst getreu ist und seinem Auditorium kein Talmivergnügen, [111D] sondern einen ganz reinen und unverfälschten Genuss bietet – dann wird er heimgehen und den Musiker loben, voller Bewunderung, da seine Vorstellung im Theater echte Kunst war und die Musen nicht gekränkt hat. Solch ein Kunstkenner wird natürlich einen anderen Zuhörer, der das Purpurgewand und die Kithara lobt, für einen rechten Ignoranten halten, und wenn der sich dann gar noch über alle möglichen Einzelheiten dieser Art verbreitet und mit naiver Erzählfreude ausschmückt und über alles hinweggeht, was in der Aufführ-

31 Terpandros aus Lesbos, 7. Jh., Dichter und Sänger zur Kithara (die siebensaitige Leier), Sieger bei musischen Wettkämpfen. Aus Methymna auf Lesbos stammte der Musiker Arion, Dichter und Sänger um 620, berühmt durch seine Rettung durch Delphine, vgl. Herodot 1,23ff. Plutarch, *Gastmahl der sieben Weisen* 160D-162B. Bei seiner Rückreise von einer Konzerttournee wollten ihn die Seeleute ausrauben und töten. Arion erbat sich, noch einen Gesang zu Ehren des Apollon vortragen zu dürfen und sprang dann ins Meer. Apollon sandte einen Delphin (oder mehrere), der ihn an die Küste trug.

νομίζει τῶν ἀποτορεύειν τὰς κέγχρους ἐπιχειρούντων, καθάπερ οἶμαί φασι τὸν Μυρμηκίδην ἀντιταττόμενον τῇ Φειδίου τέχνῃ.

8 Οὔκουν οὐδὲ ἡμεῖς ἑκόντες αὐτοὺς ταύταις ὑποθήσομεν ταῖς αἰτίαις, ἱματίων πολυτελῶν καὶ δώρων παντοίων ὅρμων τε καὶ στεφάνων κατάλογον τῶν ἐκ βασιλέως μακρόν τινα τοῦτον ᾄδοντες, οὔτε ὡς ἀπήντων οἱ δῆμοι δεξιούμενοι καὶ χαίροντες, οὔτε ὅσα κατὰ τὴν ὁδὸν ἐκείνην λαμπρὰ καὶ ζηλωτὰ γέγονε καὶ ἐνομίσθη. Ἀλλ' ἐπειδὴ τῶν βασιλείων εἴσω παρῆλθε καὶ τῆς ἐπωνυμίας ταύτης ἠξιώθη, τί πρῶτον ἔργον ἐκείνης γέγονε, καὶ αὖθις δεύτερον, καὶ ἐπ' αὐτῷ τρίτον, καὶ πολλὰ δὴ μάλα τὸ ἐντεῦθεν; Οὐ γάρ, εἰ σφόδρα λέγειν ἐθέλοιμι καὶ μακρὰς ὑπὲρ τούτων βίβλους ξυντιθέναι, ἀρκέσειν ὑπολαμβάνω τῷ πλήθει τῶν ἔργων, ὅσα ἐκείνη φρόνησιν καὶ πρᾳότητα καὶ σωφροσύνην καὶ φιλανθρωπίαν ἐπιείκειάν τε καὶ ἐλευθεριότητα καὶ τὰς ἄλλας ἀρετὰς ἐξεμαρτύρησε λαμπρότερον, ἢ νῦν ὁ παρὼν περὶ αὐτῆς λόγος δηλοῦν ἐπιχειρεῖ καὶ ἐκδιδάσκειν τοὺς πάλαι διὰ τῶν ἔργων ἐγνωκότας.

Οὐ μὴν ἐπειδὴ 'κεῖνο δυσχερές, μᾶλλον δὲ ἀδύνατον ἐφάνη παντελῶς, ἄξιον ὑπὲρ ἁπάντων ἀποσιωπῆσαι, πειρᾶσθαι δὲ εἰς δύναμιν φράζειν ὑπὲρ αὐτῶν, καὶ τῆς μὲν φρονήσεως ποιεῖσθαι σημεῖον καὶ τῆς ἄλλης ἀρετῆς πάσης ὅτι τὸν γήμαντα διέθηκεν οὕτως περὶ αὐτήν, ὥσπερ οὖν ἄξιον γυναῖκα καλὴν καὶ γενναίαν·

ὥστε ἔγωγε τῆς Πηνελόπης πολλὰ καὶ ἄλλα νομίσας ἐπαίνων ἄξια, τοῦτο ἐν τοῖς μάλιστα θαυμάζω, ὅτι δὴ τὸν ἄνδρα λίαν ἔπειθε στέργειν καὶ ἀγαπᾶν αὐτὴν ὑπερορῶντα μέν, ὡς φασί, δαιμονίων γάμων, ἀτιμάζοντα δὲ οὐ μεῖον τὴν τῶν Φαιάκων ξυγγένειαν.

rung unpassend und vulgär war, dann hält er diesen Mann für noch lächerlicher [112] als diejenigen, die auf Kirschkernen Ziselierungen anbringen, wie man es von Myrmekides[32] sagt, der auf diese Weise dem Phidias in seiner Kunst Konkurrenz machen wollte.

8 Mit einer solchen Kleinigkeitskrämerei will ich mich nun gar nicht belasten, wenn ich es vermeiden kann – indem ich nämlich in einer Inventarliste alles aufzähle wie: kostbare Roben, Geschenke aller Art, Colliers und Diademe, was alles vom Kaiser geschickt worden war – oder wie das Volk an jedem Ort zusammenströmte, um sie mit Freuden willkommen zu heißen, oder was sich alles auf diesem Weg[33] an Glanzvollem und Bewundernswertem ereignete und wie man sie feierte. [112B] Aber nachdem sie den Palast betreten hatte und mit ihrem kaiserlichen Titel ausgezeichnet worden war – was war dann das erste, was sie tat, und dann wiederum das zweite und darauf das dritte, und so vieles, das darauf folgte? Wenn ich mir auch noch so sehr wünschte, davon zu erzählen und dicke Bücher damit zu füllen, so meine ich doch, ich kann mich angesichts der Fülle dieser Taten mit denen begnügen, die in besonderer Weise ihre Klugheit, ihre Milde, Besonnenheit, ihre menschenfreundliche Art, ihren Sinn für Recht und Billigkeit, ihre Freigebigkeit [112C] und all ihre anderen Vorzüge bezeugen. Das wäre auch angemessener als die derzeitigen Berichte über sie, womit diejenigen aufgeklärt und belehrt werden sollen, die das alles durch ihren persönlichen Umgang schon kennen.[34]

Wenn sich herausstellt, dass eine übernommene Aufgabe schwierig, ja unmöglich erscheint, dann ist es nicht recht, wenn man über das Ganze schweigt; man sollte vielmehr über das betreffende Thema sprechen, soweit man es kann: Hier lässt es sich als einen Beweis der Klugheit der Kaiserin und all ihrer anderen Tugenden darstellen, dass sie ihren Gatten dazu brachte, wie es auch der Wahrheit entspricht, sie als eine sowohl schöne als auch edle Gattin anzuerkennen.

Demnach meine ich auch, Penelope verdient wegen vieler anderer Vorzüge Lob, [112D] das aber bewundere ich dabei am meisten, dass sie ihren Mann so ganz und gar für sich einnahm, sie zu lieben und zu schätzen, so dass er, wie es heißt, sogar die Heirat mit Göt-

---

32 Ziselierkünstler, Mikrotechniker (Toreut), schuf Miniaturwerke aus Marmor und Elfenbein, vgl. Plin. *nat. hist.* 7,85; 36,43, Plut. *Mor.* 1083DE, Aelian *Var. hist.* 1,17.

33 Von Thessalonike nach Mailand.

34 Vgl. ebenso am Ende der zweiten Rede Julians auf Constantius, *Or.* 2, 101D.

Καίτοι γε εἶχον αὐτοῦ πᾶσαι ἐρωτικῶς, Καλυψὼ καὶ Κίρκη καὶ Ναυσικάα· καὶ ἦν αὐταῖς τὰ βασίλεια πάγκαλα, κήπων τινῶν καὶ παραδείσων ἐν αὐτοῖς πεφυτευμένων μάλα ἀμφιλαφέσι καὶ κατασκίοις τοῖς δένδρεσι, λειμῶνές τε ἄνθεσι ποικίλοις καὶ μαλακῇ τῇ πόᾳ βρύοντες,

> Κρῆναι δ' ἑξείης πίσυρες ῥέον ὕδατι λευκῷ,
> καὶ ἐτεθήλει περὶ τὴν οἰκίαν ἡμερὶς ἡβῶσα,
> σταφυλῆς οἶμαι τῆς γενναίας βριθομένη τοῖς βότρυσι·

καὶ παρὰ τοῖς Φαίαξιν ἕτερα τοιαῦτα, πλὴν ὅσῳ πολυτελέστερα, ἅτε οἶμαι ποιητὰ ξὺν τέχνῃ, τῆς τῶν αὐτοφυῶν ἔλαττον μετεῖχε χάριτος καὶ ἧττον εἶναι ἐδόκει ,κείνων ἐράσμια. Τῆς τρυφῆς δὲ αὖ καὶ τοῦ πλούτου καὶ προσέτι τῆς περὶ τὰς νήσους ἐκείνας εἰρήνης καὶ ἡσυχίας τίνα οὐκ ἂν ἡττηθῆναι δοκεῖ, τοσούτους ἀνατλάντα πόνους καὶ κινδύνους καὶ ἔτι ὑφορώμενον δεινότατα πείσεσθαι, τὰ μὲν ἐν θαλάττῃ τὰ δὲ ἐπὶ τῆς οἰκίας αὐτῆς, πρὸς ἑκατὸν νεανίσκους ἡβῶντας εὖ μάλα μόνον ἀγωνίζεσθαι μέλλοντα, ὅπερ οὐδὲ ἐν Τροίᾳ 'κείνῳ ποτὲ συνηνέχθη; Εἴ τις οὖν ἔροιτο τὸν Ὀδυσσέα παίζων ὧδέ πως· »Τί ποτε, ὦ σοφώτατε ῥῆτορ ἢ στρατηγὲ ἢ ὅ τι χρή σε ὀνομάζειν, τοσούτους ἑκὼν ὑπομείνας πόνους, ἐξὸν εἶναι ὄλβιον καὶ εὐδαίμονα, τυχὸν δὲ καὶ ἀθάνατον, εἴ τι χρὴ ταῖς ἐπαγγελίαις Καλυψοῦς πιστεύειν, σὺ δὲ ἑλόμενος τὰ χείρω πρὸ τῶν βελτιόνων, τοσούτους σαυτῷ προστέθεικας πόνους, οὐδὲ ἐν τῇ Σχερίᾳ καταμεῖναι ἐθελήσας, ἐξὸν ἐκεῖ που παυσάμενον τῆς πλάνης καὶ τῶν κινδύνων ἀπηλλάχθαι· σὺ δὲ ἡμῖν ἐπὶ τῆς οἰκίας ἔγνως στρατεύεσθαι καὶ ἄθλους δή τινας καὶ ἀποδημίαν ἑτέραν ἐκτελεῖν οὔτι τῆς πρόσθεν, ὥς γε τὸ εἰκός, ἀπονωτέραν οὐδὲ κουφοτέραν.« Τί δὴ οὖν οἴεσθε πρὸς ταῦτα ἐκεῖνον εἰπεῖν ἔχειν; ἆρ'

tinnen ablehnte und ebenso eine Verwandtschaft mit den Phäaken verschmähte. Sie liebten ihn ja alle: Kalypso, Kirke, Nausikaa. Und sie besaßen wunderschöne Paläste, [113] mit Gärten und Parks darin, bepflanzt mit weithin schattigen Bäumen, Wiesen mit bunten Blumen und üppigem weichem Grün.

> Und vier Quellen ergossen ihr silberblinkendes Wasser
> um die gewölbte Grotte des Felsens breitet' ein Weinstock,
> seine schattenden Ranken, behängt mit purpurnen Trauben
> (*Od.* 5,70, 68f.).[35]

Und bei den Phäaken finden wir das gleiche, außer dass es dort teurer und kostbarer aussieht, [113B] ich meine, weil es Werke der Kunst sind, die weniger Anmut besitzen als das, was von Natur gewachsen ist.[36] All dieser Luxus und Reichtum und dazu Friede und Ruhe, die diese Inseln umgaben – wer hätte sich da nicht gefangen gegeben, was meint ihr, vor allem einer, der so viele Mühen und Gefahren erduldet hatte und noch mehr Schrecknisse zu erwarten hatte, teils auf dem Meer, teils im eigenen Haus. Dort musste er allein, ganz auf sich gestellt gegen hundert junge Männer in kräftigem Alter kämpfen [113C] – was ihm selbst in Troja nicht widerfahren ist. Man stelle sich nun vor, es hätte ihn jemand im Scherz etwa Folgendes gefragt: »Warum, du allerweisester Redner oder großer Feldherr, oder wie man dich nennen muss – warum hast du freiwillig so viele Mühsal auf dich genommen, wenn du doch reich und glücklich und vielleicht sogar unsterblich hättest sein können – wenn man den Versprechungen Kalypsos glauben darf.[37] Aber du hast das Schlechtere statt des Besseren erwählt und dir all diese Mühen aufgeladen und wolltest auch nicht in Scheria [bei den Phäaken] bleiben, [113D] obwohl du dort ganz sicher hättest ausruhen können von deinen Irrfahrten und wärest gerettet gewesen aus allen Gefahren. Doch du entschiedest dich dafür, den Krieg in dein eigenes Haus zu tragen und Wettkämpfe als Rachefeldzug abzuhalten, und eine weitere Reise auf dich zu nehmen, allem Anschein nach nicht weniger mühevoll und keineswegs leichter als die vorige.«[38] Was glaubt ihr wohl, würde Odysseus

35 Bei Kalypso. Vgl. Julians Erwähnung dieser Stellen im *Barthasser* 352A.

36 *Od.* 7,83ff. Goldene und silberne Statuen, von Hephaistos selbst gefertigt, verschönern den Palast.

37 Vgl. die Erzählung des Odysseus nach der Vereinigung mit Penelope *Od.* 23,321 (Kirke), 333ff.(Kalypso). Julian dachte wohl auch an seinen Lieblingsautor Plutarch und dessen Dialog *Gryllos Mor.* 985–992 (Plutarch, *Darf man Tiere essen*? Hrsg. von M. Giebel, Stuttgart 2015, S. 105ff.).

38 Bei seinem Besuch in der Unterwelt weissagt ihm der Seher Teiresias,

οὐχ ὅτι τῇ Πηνελόπῃ συνεῖναι ἐθέλων, τοὺς ἄθλους αὐτῇ καὶ τὰς στρατείας χαρίεντα διηγήματα φέρειν ὑπέλαβε; ταῦτά τοι καὶ τὴν μητέρα πεποίηκεν αὐτῷ παραινοῦσαν μεμνῆσθαι πάντων ὧν τε εἶδε θεαμάτων καὶ ὧν ἤκουσεν ἀκουσμάτων,

ἵνα καὶ μετόπισθε τεῇ εἴπῃσθα γυναικί,

φησίν. Ὁ δὲ οὐδενὸς ἐπιλαθόμενος, ἐπειδὴ πρῶτον ἀφίκετο καὶ τῶν μειρακίων τῶν ἐπὶ τὰ βασίλεια κωμαζόντων ἐκράτει ξὺν δίκῃ, πάντα ἀθρόως αὐτῇ διηγεῖτο, ὅσα τε ἔδρασε καὶ ὅσα ἀνέτλη, καὶ εἰ δή τι ἄλλο ὑπὸ τῶν χρησμῶν ἀναπειθόμενος ἐκτελεῖν διενοεῖτο· ἀπόρρητον δὲ ἐποιεῖτο πρὸς αὐτὴν οὐδὲ ἕν, ἀλλὰ ἠξίου κοινωνὸν γίγνεσθαι τῶν βουλευμάτων καὶ ὅ τι πρακτέον εἴη συννοεῖν καὶ συνεξευρίσκειν. Ἆρα τοῦτο ὑμῖν τῆς Πηνελόπης ὀλίγον ἐγκώμιον δοκεῖ, ἢ εἰ δή τις ἄλλη τὴν ἐκείνης ἀρετὴν ὑπερβαλλομένη γαμετή τε οὖσα βασιλέως ἀνδρείου καὶ μεγαλοψύχου καὶ σώφρονος τοσαύτην εὔνοιαν ἐνεποίησεν αὐτῆς τῷ γήμαντι, συγκερασαμένη τῇ παρὰ τῶν ἐρώτων ἐπιπνεομένῃ φιλίᾳ τὴν ἐκ τῆς ἀρετῆς καθάπερ ῥεῦμα θεῖον ἐπιφερομένην ταῖς ἀγαθαῖς καὶ γενναίαις ψυχαῖς; Δύο γὰρ δὴ τώδε τινὲ πειθώ τε καὶ ἰδέα φιλίας

darauf antworten? Würde er nicht sagen, dass er sich stets wünschte, bei Penelope zu sein, und die Mühen und die Kriegstaten – die wollte er ihr mit heimbringen als willkommenen Stoff zum Erzählen. Daher lässt er [als Erzähler bei den Phäaken] auch seine Mutter ihn auffordern, sich alles zu merken, [114] was er gesehen und gehört hat [in der Unterwelt], wie sie sagt:

Alles, damit du es einst erzählst deiner lieben Gemahlin (*Od.*11,224).

[114] Und er hat in der Tat auch nichts vergessen, und sobald er heimgekommen war und die jungen Männer, die im Palast ihre Festgelage abhielten, bezwungen hatte, wie es sein Recht war, da erzählte er ihr alles auf einmal – was er getan und was er erduldet hatte, und dazu auch noch, was er den Orakelsprüchen getreu noch auszuführen gedachte. Er hatte kein Geheimnis vor ihr, sondern wollte lieber, dass sie seine Partnerin war [114B] bei seinen Plänen, und sie sollte mit ihm zusammen planen und ausführen, was zu tun war.[39] Scheint euch das ein geringer Lobpreis für Penelope zu sein, oder gibt es nicht jetzt noch eine andere Frau, die deren Vorzüge noch übertrifft und die als Gattin eines tapferen, großherzigen und klugen Herrschers sich solche Zuneigung ihres Gatten erworben hat, [114C] weil sie nämlich mit der zarten Neigung der Liebe auch die Gefühle verband, die bei guten und edlen Seelen aus ihrer Tugend wie aus einem göttlichen Quell hervorströmen? Es gibt ja zwei Fässer[40] für

---

dass er nach seiner Rückkehr nach Ithaka noch eine weite Reise antreten muss, um den Meeresgott Poseidon endgültig zu versöhnen (*Od.* 11,121-137). Dies erzählt Odysseus auch Penelope (23,265ff.), die es gefasst aufnimmt.

39 *Od.* 23,355ff.: Penelope soll die Güter sichern, die noch im Haus verblieben sind, er selbst will sich um den Viehbestand u. a. kümmern. Zuerst aber soll sie dafür sorgen, dass keiner von dem Freiermord erfährt, während er zum Landgut seines Vaters Laertes hinausgehen will.

40 Die beiden Fässer im Hause des Zeus, aus denen dieser den Menschen Gutes und Schlimmes schöpft (*Il.* 24,527ff.). Statt *pitho* – Fässer lautet eine Lesart *peithó*: Göttin der erotischen Überredung, zusammen mit den Grazien und Aphrodite (Hes. *Theog.* 349; *Erga* 73); Peitho aber auch als Göttin einer Überredung im politischen Bereich, wie sie einem berühmten Dictum zufolge (ein Fragment des Komödiendichters Eupolis) auf den Lippen des Perikles gesessen habe, der neben dem Wohlklang seiner Rede auch einen Stachel in den Seelen seiner Zuhörer hinterließ. Vgl. Cic. *Brut.* 59. Diese Peitho war Constantius zu eigen, als er i. J. 350 in einer Rede seinen Widersacher, den Usurpator Vetranio bezwang. So Julian in *Or.* 1,33AB. Eusebia wirkte also mit beiden Gaben der Peitho auf ihren Gatten ein.

ἔστον, ὧν ἥδε κατ' ἴσον ἀρυσαμένη, βουλευμάτων τε αὐτῷ γέγονε κοινωνὸς καὶ πρᾶον ὄντα φύσει τὸν βασιλέα καὶ χρηστὸν καὶ εὐγνώμονα πρὸς ἃ πέφυκε παρακαλεῖ μᾶλλον πρεπόντως καὶ πρὸς συγγνώμην τὴν δίκην τρέπει· ὥστε οὐκ ἄν τις εἰπεῖν ἔχοι ὅτῳ γέγονεν ἡ βασιλὶς ἥδε ἐν δίκῃ τυχὸν ἢ καὶ παρὰ δίκην αἰτία τιμωρίας καὶ κολάσεως μικρᾶς ἢ μείζονος.

9 Ἀθήνησι μὲν οὖν φασιν, ὅτε τοῖς πατρίοις ἔθεσιν ἐχρῶντο καὶ ἔζων τοῖς οἰκείοις πειθόμενοι νόμοις μεγάλην καὶ πολυάνθρωπον οἰκοῦντες πόλιν, εἴ ποτε τῶν δικαζόντων αἱ ψῆφοι κατ' ἴσον γένοιντο τοῖς φεύγουσι πρὸς τοὺς διώκοντας, τὴν τῆς Ἀθηνᾶς ἐπιτιθεμένην τῷ τὴν δίκην ὀφλήσειν μέλλοντι ἀπολύειν ἄμφω τῆς αἰτίας, τὸν μὲν ἐπάγοντα τὴν κατηγορίαν τοῦ δοκεῖν εἶναι συκοφάντην, τὸν δέ, ὡς εἰκός, τοῦ δοκεῖν ἔνοχον εἶναι τῷ πονηρεύματι. Τοῦτον δὴ φιλάνθρωπον ὄντα καὶ χαρίεντα τὸν νόμον ἐπὶ τῶν δικῶν, ἃς βασιλεὺς κρίνει, σωζόμενον πρᾳότερον αὕτη καθίστησιν· οὗ γὰρ ἂν ὁ φεύγων παρ' ὀλίγον ἔλθῃ τὴν ἴσην ἐν ταῖς ψήφοις λαχεῖν, πείθει, τὴν ὑπὲρ αὐτοῦ δέησιν προσθεῖσα καὶ ἱκετηρίαν, ἀφεῖναι πάντως τῆς αἰτίας. Ὁ δὲ ἑκὼν ἑκόντι τῷ θυμῷ χαρίζεται τὰ τοιαῦτα, καὶ οὐ, καθάπερ Ὅμηρός φησιν, ἐκβιαζόμενος παρὰ τῆς γαμετῆς ὁμολογεῖ ὅ τι ξυγχωροίη καὶ δίδωσιν

ἑκὼν ἀέκοντί γε θυμῷ.

Καὶ τυχὸν οὐκ ἄτοπον χαλεπῶς καὶ μόλις τὰ τοιαῦτα ξυγχωρεῖν κατὰ ἀνδρῶν ὑβριστῶν καὶ ἀλαζόνων·

οὐδὲ γὰρ εἰ σφόδρα ἐπιτήδειοί τινές εἰσι πάσχειν κακῶς καὶ κολάζεσθαι, τούτους ἐκ παντὸς ἀπολέσθαι χρεών· ὃ δὴ καὶ ἡ βασιλὶς

diese beiden Arten von Zuneigung, und sie schöpfte gleichermaßen aus beiden und wurde so zur Partnerin bei den Vorhaben ihres Gatten. Der Kaiser ist ja von Natur aus milde, rechtschaffen und edeldenkend, und so musste sie ihn nur entsprechend bestärken, seiner Veranlagung im Rahmen des Geziemenden noch mehr zu folgen, und sie wandelte Recht in Gnade. So konnte niemand je einen Fall nennen, bei dem unsere Kaiserin hier, entweder mit Recht oder vielleicht zu Unrecht, jemals Ursache gegeben hätte für Bestrafung und Züchtigung, sei es in geringerem oder größerem Ausmaß.

9 Nun erzählt man ja, in Athen [114D] – zur Zeit, als die Athener noch nach ihren väterlichen Sitten und ihren Gesetzen gehorsam lebten, als Bewohner einer großen und reich bevölkerten Stadt – wenn da einmal die Stimmen der Richter gleich waren für Verurteilung oder Freispruch, dann gab die Stimme Athenes den Ausschlag.[41] Sie wurde [als Freispruch] dem zugeschlagen, der verurteilt werden sollte, und so wurden beide von ihrer Schuld befreit: [115] der eine, der die Anklage eingebracht hatte, vom Vorwurf, ein Denunziant zu sein, und der andere verständlicherweise von der Schuld an einem Vergehen. Dieses humane und gnädige Gerichtsverfahren wird angewandt in den Fällen, die der Kaiser aburteilt; die Kaiserin aber geht dabei mit noch mehr Milde vor. Wenn nämlich der Angeklagte fast die gleiche Stimmenzahl hat, dann überredet sie den Kaiser, indem sie ihre inständige Bitte für ihn vorträgt, den Angeklagten gänzlich von der Beschuldigung freizusprechen. Der Kaiser gewährt die Gunst, freiwillig und mit willigem Herzen, [115B] nicht wie Homer von Zeus sagt, er habe genötigt von seiner Gattin zugestimmt:

> Habe doch ich es dir willig gewährt, auch wider mein Wollen.[42]

Und vielleicht wird man sich auch nicht wundern, wenn sich der Kaiser mitunter nur schwer durchringen konnte zu einem solchen Gnadenakt, angesichts von Gewalttätern und Betrügern.

Doch wenn es auch einige reichlich verdienten, ihre Strafe zu erleiden, so sollten sie doch niemals völlig ihre Existenz verlieren. Darauf war die Kaiserin bedacht, und sie forderte nie, [115C] eine

---

41 In der Orestie muss sich Orest wegen des Muttermordes vor dem Areopag in Athen verantworten. Athene verkündet, dass bei Stimmengleichheit der Angeklagte freizusprechen sei (Aischylos, *Eumeniden* 741; 752f.), später als *calculus Minervae*, Stimmstein(-verfahren) bekannt: Bei Stimmengleichheit, auch bei nur einer Stimme Mehrheit für Verurteilung, konnte der Kaiser durch seinen zusätzlichen Stimmstein Freispruch für den Angeklagten erwirken.

42 D. h. dass der Krieg um Troja weitergehe, *Il.* 4,43.

ἥδε ξυννοοῦσα κακὸν μὲν οὐδὲν οὔτε ᾔτησεν ἄλλῳ ποτέ τινι οὔτε κόλασιν οὔτε τιμωρίαν ἐπαγαγεῖν οὐχ ὅπως βασιλείᾳ τινὸς ἢ πόλει, ἀλλ' οὐδὲ οἰκίᾳ μιᾷ τῶν πολιτῶν· προσθείην δ' ἂν ἔγωγε, θαρρῶν εὖ μάλα ὅτι μηδὲν ψεῦδός φημι, ὡς οὐδὲ ἐφ' ἑνὸς ἀνδρὸς ἢ γυναικὸς μιᾶς ἔστιν αὐτὴν αἰτιᾶσθαι ξυμφορᾶς τῳ τῆς τυχούσης, ἀγαθὰ δὲ ὅσα καὶ οὕστινας δρᾷ καὶ ἔδρασεν, ἡδέως ἂν ὑμῖν τὰ πλεῖστα ἐξαριθμησαίμην καθ' ἕκαστα ἀπαγγέλλων, ὡς ὅδε μὲν τὸν πατρῷον δι' ἐκείνην νέμεται κλῆρον, κεῖνος δὲ ἀπηλλάγη τιμωρίας, ὀφλήσας τοῖς νόμοις, ἄλλος συκοφαντίαν διέφυγε, παρ' ὀλίγον ἐλθὼν κινδύνου, τιμῆς δὲ ἔτυχον καὶ ἀρχῆς μυρίοι. Καὶ ταῦτα οὐκ ἔστιν ὅστις ἐμὲ ψεύδεσθαι τῶν ἁπάντων φήσει, εἰ καὶ ὀνομαστὶ τοὺς ἄνδρας καταλέγοιμι. Ἀλλ' ὀκνῶ, μή τισιν ἐξονειδίζειν δόξω τὰς συμφοράς, καὶ οὐκ ἔπαινον τῶν ταύτης ἀγαθῶν, κατάλογον δὲ τῶν ἀλλοτρίων συγγράφειν ἀτυχημάτων. Τοσούτων δὲ ἔργων μηδὲν παρασχέσθαι μηδὲ εἰς τὸ ἐμφανὲς ἄγειν τεκμήριον κενόν πως εἶναι δοκεῖ καὶ ἐς ἀπιστίαν ἄγειν τὸν ἔπαινον· οὐκοῦν ἐκεῖνα παραιτησάμενος, ὁπόσα γ' ἐμοί <τε> εἰπεῖν ἀνεπίφθονον ταύτῃ τε ἀκούειν καλὰ λέγοιμ' ἂν ἤδη.

10 Ἐπειδὴ γὰρ τὴν τοῦ γήμαντος εὔνοιαν τηλαυγέστατον πρόσωπον, κατὰ τὸν σοφὸν Πίνδαρον, ἀρχομένη τῶν ἔργων ἔθετο, γένος τε ἅπαν καὶ ξυγγενεῖς εὐθὺς ἐνέπλησε τιμῆς, τοὺς μὲν ἤδη γνωρίμους καὶ πρεσβυτέρους ἐπὶ μειζόνων τάττουσα πράξεων καὶ ἀποφήνασα μακαρίους καὶ ζηλωτούς, βασιλεῖ τ' ἐποίησε φίλους καὶ τῆς εὐτυχίας τῆς παρούσης ἔδωκε τὴν ἀρχήν. Καὶ γὰρ εἴ τῳ δοκοῦσιν, ὥσπερ οὖν ἀληθές, δι' αὑτοὺς τίμιοι, ταύτῃ γε οἶμαι

Züchtigung oder Strafe aufzuerlegen, die ein ganzes Königreich oder eine Stadt traf, ja auch nicht einmal ein ganzes Hauswesen eines der Bürger. Ich könnte von mir aus hinzufügen – in der Überzeugung, dass ich dabei nichts Falsches sage – dass es keinen Fall gibt, sei es eines Mannes oder einer Frau, wo man an irgendeinem unglücklichen Verlauf, der sich zugetragen hat, ihr hätte eine Schuld geben können; ich könnte stattdessen euch gerne eine Vielzahl von Wohltaten einzeln aufzählen, die sie übt und geübt hat, und an wem: So ist zum Beispiel dieser Mann durch sie noch im Besitz seines väterlichen Erbes. Ein anderer entging der Strafe, obwohl er dem Gesetz nach schuldig war, wieder ein anderer kam davon, der aufgrund einer falschen Anklage beschuldigt wurde, [115D] obwohl nur wenig an einer Verurteilung gefehlt hätte, und zahllose Personen erhielten Ehren und Ämter aus ihrer Hand. Und bei all dem könnte mich keiner bezichtigen, dass ich etwas Falsches vorbringe, auch wenn ich die Personen nicht der Reihe nach mit Namen nenne. Dabei habe ich nämlich Bedenken: Es soll ja nicht so aussehen, als würde ich ihnen ihr Ungemach vorwerfen und statt einer Lobrede auf die Wohltaten der Kaiserin ein Verzeichnis der Missgeschicke von anderen verfassen. Würde ich andererseits aber keine von diesen ihren Tätigkeiten hier anführen und sie ins Licht der Öffentlichkeit stellen, [116] dann fehlte ja die Beweiskraft dafür, und das nähme meiner Lobrede ihre Glaubwürdigkeit. Um diesem Vorwurf zu entgehen, will ich so viel an Gutem vorbringen, wie es keinen Anstoß erregen wird, weder für sie beim Hören noch für mich beim Reden.

10 Nachdem sie das Wohlwollen ihres Gatten gewonnen hatte, begann sie, »wie eine weithin leuchtende Front eines Hauses«, wie der weise Pindar sagt,[43] mit ihrem Wirken. Sie vergab sogleich reiche Ehren an alle ihre Angehörigen und Verwandten: So erhob sie die bereits Bewährten und die Älteren zu höherem Rang und ließ sie glücklich und beneidenswert erscheinen, und sie gewann ihnen die Freundschaft des Kaisers und legte das Fundament für ihre gegenwärtigen günstigen Verhältnisse.[44] [116B] Und wenn man nun meint, was ja auch der Wahrheit entspricht, dass die Betreffenden der Ehren würdig waren, dann, glaube ich, trägt das noch mehr zu ihrem

43 *Olympien* 6,4. Pindar sagt, wie man ein Haus baut mit einer glänzenden Fassade, so will er seine Ode mit glänzenden Worten beginnen, und er will einen Eid schwören (wie Julian später), dass er beim Preis seines Olympiasiegers als zuverlässiger Zeuge auftritt.

44 Verwandte zu fördern, erregte nicht wie heute Anstoß, es war geradezu eine Pflicht, vgl. Cicero *Laelius – Über die Freundschaft* 69f. Eusebias Ausspruch, man müsse einen Verwandten allen anderen vorziehen, war das entscheidende Wort zugunsten Julians, vgl. Amm. 15,8.3, s. Anhang 3.

προσθήσει τὸν ἔπαινον· δῆλον γὰρ ὅτι μὴ τῇ τοῦ γένους κοινωνίᾳ μόνον, πολὺ δὲ πλέον ἀρετῇ φαίνεται νέμουσα, οὗ μεῖζον οὐκ οἶδα ὅπως τις ἐγκώμιον ἐρεῖ. Περὶ μὲν τούσδε γέγονε τοιάδε· ὅσοι δὲ ἀγνῶτες ἔτι διὰ νεότητα τοῦ γνωρισθῆναι καὶ ὁπωσοῦν ἐδέοντο, τούτοις ἐλάττονας διένειμε τιμάς· ἀπέλιπε δὲ οὐδὲν εὐεργετοῦσα ξύμπαντας. Καὶ οὐ τοὺς ξυγγενεῖς μόνον τοσαῦτα ἔδρασεν ἀγαθά, ξενίαν δὲ ὅτῳ πρὸς τοὺς ἐκείνης πατέρας ὑπάρξασαν ἔγνω, οὐκ ἀνόνητον ἀφῆκε τοῖς κτησαμένοις, τιμᾷ δὲ οἶμαι καὶ τούτους καθάπερ ξυγγενεῖς, καὶ ὅσους τοῦ πατρὸς ἐνόμισε φίλους, ἅπασιν ἔνειμε τῆς φιλίας ἔπαθλα θαυμαστά.

11 Ἐγὼ δέ, ἐπειδή μοι τεκμηρίων καθάπερ ἐν δικαστηρίῳ τὸν λόγον ὁρῶ δεόμενον, αὐτὸς ὑμῖν ἐμαυτὸν τούτων ἐκείνων μάρτυρα καὶ ἐπαινέτην παρέξομαι· ἀλλ᾽ ὅπως μου μή ποτε ὑπειδόμενοι τὴν μαρτυρίαν πρὶν ἐπακοῦσαι τῶν λόγων διαταράττησθε, ὄμνυμι ὑμῖν ὡς οὐδὲν ψεῦδος οὐδὲ πλάσμα ἐρῶ· ὑμεῖς δὲ καὶ ἀνωμότῳ πιστεύσετε πάντως οὐ κολακείας ἕνεκα λέγοντι. Ἔχω γὰρ ἤδη, τοῦ θεοῦ διδόντος καὶ τοῦ βασιλέως, ἅπαντα τὰ ἀγαθά, αὐτῷ τε οἶμαι καὶ αὐτῆς ταύτης ξυμπροθυμουμένης, ὑπὲρ ὧν ἄν τις κολακεύων ἅπαντα ἀφείη ῥήματα, ὥστε, εἰ μὲν πρὸ τούτων ἔλεγον, ἴσως ἐχρῆν ὀρρωδεῖν τὴν ἄδικον ὑποψίαν· νῦν δὲ ἐν ταύτῃ γεγονὼς τῇ τύχῃ καὶ ἀπομνημονεύων τῶν ἐκείνης εἰς ἐμαυτὸν ἔργων, παρέξομαι ὑμῖν τῆς εὐγνωμοσύνης μὲν ἐμαυτοῦ σημεῖον, μαρτύριον δὲ ἀληθὲς τῶν ἐκείνης ἔργων. Πυνθάνομαι γὰρ δὴ καὶ Δαρεῖον, ἕως ἔτι δορυφόρος ἦν τοῦ Περσῶν μονάρχου, τῷ Σαμίῳ ξένῳ περὶ τὴν Αἴγυπτον ξυμβαλεῖν φεύγοντι τὴν αὐτοῦ, καὶ λαβόντα φοινικίδα τινὰ δῶρον, οὗ σφόδρα ἐπεθύμει, τὴν Σαμίων ὕστερον

Lob bei. Es ist nämlich deutlich, dass sie nicht allein der verwandtschaftlichen Bande wegen, sondern vielmehr noch nach der Tüchtigkeit ihre Ehrungen vergab. Und man kann ihr kaum ein größeres Kompliment machen, als darauf hinzuweisen, glaube ich. So ging sie bei den Betreffenden vor: Die aufgrund ihrer Jugend noch nicht so bekannt waren und die nötige Unterstützung brauchten, denen teilte sie geringere Ehrenstellen zu. [116C] Sie ließ aber nichts aus, um allen hilfreich zu sein. Und sie verteilte solche Wohltaten nicht nur an ihre Verwandten. Wenn sie erfuhr, dass es Freundschaftsbeziehungen gab zu ihren Vorfahren, dann blieb das für die Betreffenden nicht ohne Nutzen; sie ehrte diese wie ihre eigenen Anverwandten. Und alle, die sie als Freunde ihres Vaters kannte, [116D] beschenkte sie um dieser Freundschaft willen mit glänzenden Ehrengaben.

11 Ich sehe aber nun, dass es meiner Rede an Beweisen fehlt – wie bei einem Gerichtsverfahren[45] -- und daher stelle ich mich selbst als Zeugen wie als Lobredner für ihre Handlungsweise zur Verfügung. Damit ihr aber meiner Beweisführung nicht misstraut und ihr mit Protest reagiert, bevor ihr sie gehört habt, schwöre ich euch, dass ich nichts Falsches oder Erdichtetes vorbringe. Ihr habt aber wohl auch ohne Eid bisher darauf vertraut, dass ich dies alles ganz ohne eine schmeichlerische Absicht vorbringe. [117] Ich besitze ja schon – durch göttliche Gnade und die des Kaisers – alle diese Gunstbeweise, für die sich, so glaube ich, die Kaiserin auch bereitwillig eingesetzt hat und über die sich ein Schmeichler wohl ausgiebig verbreiten würde. Wenn ich nun weiter fortfahre, bevor ich darauf eingegangen bin, dann hätte ich vielleicht diesen ungerechtfertigten Argwohn zu befürchten.[46] Nun bin ich aber in dieser glücklichen Lage, und indem ich an ihre Wohltaten mir gegenüber erinnere, will ich euch dabei auch ein Zeichen meiner aufrichtigen Gesinnung vorführen und den Wahrheitsbeweis antreten für ihre Wohltaten. [117B] Wie ich hörte, hat Dareios, als er noch in der Leibgarde des Perserkönigs [Kambyses] war, in Ägypten einen Fremden aus Samos getroffen, der, aus seiner Heimat verbannt, dort im Exil lebte. Und er hat von ihm als Geschenk einen Purpurmantel erhalten, wofür Dareios eine große Vorliebe hatte. Und später schenkte Dareios ihm als Gegenga-

45 D. h. ohne namentlich benannte Zeugen. Im Folgenden wirkt wieder die Vorstellung von einer öffentlichen, nicht auf den Hof beschränkten Rede.

46 Julian ist bereits zum Caesar ernannt, er muss sich nicht als Schmeichler um die kaiserliche Gunst bemühen. Vgl. auch die zweite Lobrede auf Constantius *Or.* 2, 50C und Julians Sendschreiben an die Athener *ad Ath.* 277.

ἀντιδοῦναι τυραννίδα, ὁπηνίκα οἶμαι τῆς Ἀσίας ἁπάσης κύριος κατέστη. Εἰ δὴ οὖν καὶ αὐτός, πολλὰ μὲν παρ' αὐτῆς, ὅτε ἔτι ζῆν ἐξῆν ἐν ἡσυχίᾳ, τὰ μέγιστα δὲ δι' αὐτὴν παρὰ τοῦ γενναίου καὶ μεγαλόφρονος βασιλέως λαβών, ὁμολογοίην τοῦ μὲν ἀντιδοῦναι τὴν ἴσην λείπεσθαι (ἔχει γὰρ οἶμαι ξύμπαντα παρ' αὐτοῦ τοῦ καὶ ἡμῖν χαρισαμένου λαβοῦσα), τῷ βούλεσθαι δὲ τὴν μνήμην ἀθάνατον αὐτῇ τῶν ἔργων γενέσθαι καὶ ἐς ὑμᾶς ταῦτα ἀπαγγέλλειν, τυχὸν οὐκ ἀγνωμονέστερος φανοῦμαι τοῦ Πέρσου, εἴπερ εἰς τὴν γνώμην ὁρῶντα χρὴ κρίνειν, ἀλλ' οὐχ ὅτῳ παρέσχεν ἡ τύχη πολλαπλάσιον ἀποτῖσαι τὸ εὐεργέτημα.

Τί ποτε οὖν ἐγὼ τοιοῦτον εὖ παθεῖν φημι καὶ ἀνθ' ὅτου τὸν ἅπαντα χρόνον ὑπόχρεων ἐμαυτὸν εἶναι χάριτος ὁμολογῶ τῇδε, σφόδρα ὥρμησθε ἀκούειν, ἐγὼ δὲ οὐκ ἀποκρύψομαι.

12 Ἐμοὶ γὰρ βασιλεὺς οὑτοσὶ σχεδὸν ἐκ παιδὸς νηπίου γεγονὼς ἤπιος, πᾶσαν ὑπερεβάλετο φιλοτιμίαν, κινδύνων τε ἐξήρπασε τηλικούτων, οὓς οὐδὲ ἡβῶν ἀνὴρ εὖ μάλα διαφύγοι μὴ θείας τινὸς καὶ ἀμηχάνου σωτηρίας τυχών, εἶτα τὴν οἰκίαν καταληφθεῖ-

be die Herrschaft über Samos – damals, als er Herr über ganz Asien geworden war.[47] Wenn ich nun selbst so viel von ihr erhalten habe, einmal zu der Zeit, als mir noch gestattet wurde, in ruhiger Zurückgezogenheit zu leben,[48] dann aber das Größte, [117C] durch ihre Vermittlung, aus der Hand unseres edlen und großherzigen Kaisers – dann muss ich zugeben, dass ich nichts Gleichwertiges zurückgeben kann. Sie besitzt ja alles, so weiß ich, von ihm, der so großzügig mir gegenüber war, doch wenn ich wünsche, dass das Gedächtnis ihrer Wohltaten unsterblich sein soll und ich euch diese kundtue – dann scheine ich wohl nicht weniger dankbar als der Perserkönig. Man muss ja, wenn man darüber urteilen will, auf die Absicht des Betreffenden schauen und nicht darauf, wieweit die Glücksgöttin es einem gewährt hat, in reicher Fülle die Wohltat zu vergelten.[49]

[117D] Was meine ich nun, wenn ich sage: Ich bin so wohlwollend behandelt worden, und was ist das für ein Gunstbeweis, für den ich, meiner Versicherung nach, ihr ewiger Schuldner bin? Das wollt ihr doch wohl unbedingt hören.[50] Ich will daraus auch kein Geheimnis machen.

12 Der Kaiser war mir gegenüber fast seit meiner frühen Kindheit freundlich gesinnt, und er übertraf sich noch in seiner großherzigen Gesinnung, indem er mich Gefahren entriss, die so groß waren, dass ihnen nicht einmal »ein Mann in voller Jugendkraft«[51] [118] leicht entkommen wäre, wenn ihm nicht göttliche Hilfe über Menschenmögliches hinaus zu seiner Rettung zuteil geworden wäre. Er nahm darauf auch mein Haus, das sich einer der Mächtigen, als wäre es

47 Vgl. Herodot 3,139-141; Julian Brief 1 [ed. Weis], 402D ff. Die Frage, wie man einem Höhergestellten eine Gabe vergelten könne, gehörte zu den Topoi der Panegyrik.

48 355 durfte Julian zu einem Studienaufenthalt nach Athen gehen, vgl. 118C. Das Größte: die Caesarwürde.

49 So auch Plutarch in der Vorrede zu seinen Denksprüchen von Königen und Feldherrn (172BC), die er Kaiser Trajan widmet und die dem Kaiser auch nützlich sein könne.

50 Es handelt sich nicht um die allseits bekannte Ernennung zum Caesar.

51 *Il.* 12,382. Will Julian es als Gunst und Gnade des Kaisers bezeichnen, dass er im Massaker von Konstantinopel verschont wurde, oder dass er ihn später nicht hat umbringen lassen? Vgl. 121 und *ad Ath.* 270C-273B, 275A, Anhang 1. Man kann an die *controversia figurata* denken, vgl. Quintilian, *Inst. Or.* IX 2,65f.: »die Redefigur, bei der wir das verstanden wissen wollen, was wir nicht sagen, sondern etwas Verstecktes und dem Spürsinn des Hörers zum Suchen Überlassenes … Sie findet sich, wenn es zu unsicher ist, offen zu reden, oder wenn es sich nicht schickt …« (Übers. H. Rahn) Vgl. K. Vatsend (2000) S. 132. Letzteres traf hier gegenüber der Kaiserin zu.

σαν καθάπερ ἐπ' ἐρημίας παρά του τῶν δυναστῶν ἀφείλετο ξὺν δίκῃ καὶ ἀπέφηνεν αὖθις πλούσιον. Καὶ ἄλλα ἂν ἔχοιμι περὶ αὐτοῦ πρὸς ὑμᾶς εἰπεῖν εἰς ἐμαυτὸν ἔργα πολλῆς ἄξια χάριτος, ὑπὲρ ὧν τὸν ἅπαντα χρόνον εὔνουν ἐμαυτὸν ἐκείνῳ καὶ πιστὸν παρέχων, οὐκ οἶδα ἐκ τίνος αἰτίας τραχυτέρως ἔχοντος ᾐσθόμην ἔναγχος· ἡ δὲ ἐπειδὴ τὸ πρῶτον ἤκουσεν ἀδικήματος μὲν οὐδενὸς ὄνομα, ματαίας δὲ ἄλλως ὑποψίας, ἠξίου διελέγχειν καὶ μὴ πρότερον προσέσθαι μηδὲ ἐνδέξασθαι ψευδῆ καὶ ἄδικον διαβολήν, καὶ οὐκ ἀνῆκε ταῦτα δεομένη πρὶν ἐμὲ ἤγαγεν ἐς ὄψιν τὴν βασιλέως καὶ τυχεῖν ἐποίησε λόγου· καὶ ἀπολυομένῳ πᾶσαν αἰτίαν ἄδικον συνήσθη, καὶ οἴκαδε ἐπιθυμοῦντι πάλιν ἀπιέναι πομπὴν ἀσφαλῆ παρέσχεν, ἐπιτρέψαι πρῶτον [τὸν] βασιλέα ξυμπείσασα. Δαίμονος δέ, ὅσπερ οὖν ἐῴκει μοι τὰ πρόσθεν μηχανήσασθαι, ἤ τινος ξυντυχίας ἀλλοκότου τὴν ὁδὸν ταύτην ὑποτεμομένης, ἐποψόμενον πέμπει τὴν Ἑλλάδα, ταύτην αἰτήσασα παρὰ βασιλέως ὑπὲρ ἐμοῦ καὶ ἀποδημοῦντος ἤδη τὴν χάριν, ἐπειδή με λόγοις ἐπέπυστο χαίρειν, καὶ παιδείᾳ τὸ χωρίον ἐπιτήδειον εἶναι ξυννοοῦσα. Ἐγὼ δὲ τότε μὲν αὐτῇ καὶ πρώτῳ γε, ὡς εἰκός, βασιλεῖ πολλὰ καὶ ἀγαθὰ

herrenloses Gut, angeeignet hatte, diesem zu Recht wieder weg und ließ mich wieder wohlhabend werden.[52] Und ich könnte euch auch noch von anderen Gunstbeweisen berichten, die aller Dankbarkeit wert waren und für die ich mich ihm die ganze Zeit treu ergeben gezeigt habe. Doch ich konnte kurz darauf feststellen, dass er – [118B] ich weiß nicht, aus welchem Grund – sich ziemlich ablehnend mir gegenüber verhielt. Sobald die Kaiserin aber Anschuldigungen gegen mich[53] gehört hatte, ohne konkreten Vorwurf, nichts anderes als lügenhafte Verdächtigungen, entschied sie sich, der Sache nachzugehen, und vorher wollte sie nichts zu tun haben mit Lügen und ungerechter Verleumdung, und sie ließ nicht nach in ihrer Forderung nach Aufklärung, bis sie mich vor das Angesicht des Kaisers gebracht und mir ein Gespräch mit ihm ermöglicht hatte. Und als ich von jedem ungerechten Vorwurf befreit war, da freute sie sich mit mir, und als ich mir wünschte, wieder nach Hause zurückzukehren, da überredete sie zunächst den Kaiser, dies zu erlauben, [118C] und versah mich mit einer Eskorte zu meiner Sicherheit. Doch irgendein böser Geist, ich denke derjenige, der auch zuvor gegen mich gearbeitet hatte,[54] oder sonst ein ungünstiges Schicksal schnitt mir diesen Weg ab[55] – und da sandte sie mich, Griechenland zu besuchen. Die Erlaubnis dazu hatte sie vom Kaiser für mich erwirkt, als ich schon aufgebrochen war. Sie hatte nämlich in Erfahrung gebracht, dass ich meine Freude hatte an Literatur, und sie war sich bewusst, dass hier die Heimat der Kultur ist.[56] Ich betete damals für sie, aber erst, wie

52 Im Brief 48, 290D spricht Julian von seinem großmütterlichen Erbteil, das ihm erhalten blieb, nachdem es andere eigenmächtig an sich gebracht hatten (sicher nicht ohne Wissen und Erlaubnis des Kaisers). Im Brief 2 schildert er das liebliche kleine Anwesen aus dem Erbe seiner Großmutter. Zu diesem Erbe gehörten auch Liegenschaften, aus denen er Einkünfte bezog. Vom Verlust seines väterlichen Erbes spricht er *ad Ath.* 273B.

53 Julian sei an dem aufrührerischen Verhalten seines Bruders Gallus beteiligt gewesen, der 354 hingerichtet worden war. Die Beschuldigung lautete auf Hochverrat, worauf die Todesstrafe stand. Vgl. Amm. 15,3.7ff.

54 Der Eunuch und Oberkämmerer Eusebius. Er und seine Parteigänger arbeiteten gegen Julian, da sie von dessen Erhöhung eine Minderung ihres Einflusses befürchteten. Vgl. *ad Ath.* 273D, 274, Anhang 1.

55 Die Aufstandsbewegung des Silvanus 355 in Gallien, der sogar, von Intrigen in die Enge getrieben, kurzzeitig die Kaiserwürde für sich in Anspruch nahm. Vgl. *Or.* 2,98CD. Offenbar hatte auch hier wieder die Hofkamarilla versucht, Julian unter Verdacht zu stellen, was die Kaiserin abwehrte durch die Reise ins unpolitische Griechenland. Vgl. Libanios *Or.* 18,248, 249, im Anhang 2.

56 *Paideia*, Bildung vor allem in Literatur, Philosophie und Rhetorik, der

διδόναι τὸν θεὸν ηὐχόμην, ὅτι μοι τὴν ἀληθινὴν ποθοῦντι καὶ ἀγαπῶντι πατρίδα παρέσχον ἰδεῖν· ἐσμὲν γὰρ τῆς Ἑλλάδος οἱ περὶ τὴν Θρᾴκην καὶ τὴν Ἰωνίαν οἰκοῦντες ἔγγονοι, καὶ ὅστις ἡμῶν μὴ λίαν ἀγνώμων, ποθεῖ προσειπεῖν τοὺς πατέρας καὶ τὴν χώραν αὐτὴν ἀσπάσασθαι. Ὃ δὴ καὶ ἐμοὶ πάλαι μὲν ἦν, ὡς εἰκός, ποθεινόν, καὶ ὑπάρξαι μοι τοῦτο ἐβουλόμην μᾶλλον ἢ πολὺ χρυσίον καὶ ἀργύριον· ἀνδρῶν γὰρ ἀγαθῶν φημι ξυντυχίαν πρὸς χρυσίου πλῆθος ὁσονδηοῦν ἐξεταζομένην καθέλκειν τὸν ζυγὸν καὶ οὐκ ἐπιτρέπειν τῷ σώφρονι κριτῇ οὐδὲ ἐπ' ὀλίγον ῥοπῆς ἐπιστῆσαι. Παιδείας δὲ ἕνεκα καὶ φιλοσοφίας πέπονθεν οἶμαι νῦν τὰ τῆς Ἑλλάδος παραπλήσιόν τι τοῖς Αἰγυπτίοις μυθολογήμασι καὶ λόγοις· λέγουσι γὰρ δὴ καὶ Αἰγύπτιοι τὸν Νεῖλον παρ' αὐτοῖς εἶναι τά ‹τ'› ἄλλα σωτῆρα καὶ εὐεργέτην τῆς χώρας καὶ ἀπείργειν αὐτοῖς τὴν ὑπὸ τοῦ πυρὸς φθοράν, ὁπόταν ἥλιος διὰ μακρῶν τινων περιόδων ἄστροις γενναίοις συνελθὼν καὶ συγγενόμενος ἐμπλήσῃ τὸν ἀέρα πυρὸς καὶ ἐπιφλέγῃ τὰ σύμπαντα· οὐ γὰρ ἰσχύει, φασίν, ἀφανίσαι οὐδὲ ἐξαναλῶσαι τοῦ Νείλου τὰς πηγάς. Οὔκουν οὐδὲ ἐξ Ἑλλήνων παντελῶς οἴχεται φιλοσοφία, οὐδὲ ἐπέλιπε τὰς Ἀθήνας οὐδὲ τὴν Σπάρτην οὐδὲ τὴν Κόρινθον· ἥκιστα δέ ἐστι ‹τούτων› τῶν πηγῶν

es angemessen ist, für den Kaiser, [118D] die Gottheit[57] möge ihnen beiden reichen Segen spenden, hatten sie mir doch gewährt, mein wahres Vaterland, nach dem ich mich in Liebe sehnte, schauen zu dürfen. Sind wir doch alle Kinder von Hellas, die wir in Thrakien[58] und in Ionien wohnen, und wer von uns nicht ganz ohne Sinn und Verstand ist, der sehnt sich danach, seine Vorväter zu begrüßen und den Boden von Hellas liebend zu umfassen. Das war nun, wie verständlich, seit langem mein sehnlichster Wunsch, [119] und ich ersehnte es mehr als Schätze von Gold und Silber. Denn wenn wir, sage ich, den Verkehr mit Männern von Wert auf die Waage legen, zusammen mit einer Menge Gold, wieviel auch immer, dann wird sich die Waage zugunsten des ersteren senken, und auch bei einem leichten Ausschlag wird ein weiser Richter bei diesem Urteil bleiben. Was Bildung und Philosophie betrifft, so scheint mir das heutige Griechenland etwas Ähnlichkeit zu haben mit den Mythen und Traditionen der Ägypter. [119B] Diese sagen ja, der Nil sei bei ihnen der Retter und Wohltäter des Landes; er bewahrt sie auch vor der Zerstörung durch Feuer, wenn die Sonne durch lange Perioden hindurch in Konjunktionen mit Sternen von gewaltiger Kraft die Atmosphäre mit feuriger Hitze erfüllt und alles versengt und verbrennt.[59] Doch sie hat nicht so viel Kraft, sagt man, um die Quellen des Nils verdunsten und versiegen zu lassen. So hat auch die Philosophie niemals gänzlich die Griechen verlassen, [119C] noch hat sie Städte wie Athen, Sparta oder Korinth aufgegeben.[60] Und was diese Quellen angeht, so kann

Zentralbegriff humaner Kultur, durch deren Teilhabe sich Bürger wie Machthaber auf einer Ebene trafen. Vgl. die Reden des Libanios und Themistios.

57 Wie schon mehrfach gebraucht Julian der höfischen Etikette gemäß einen neutralen Ausdruck für das Göttliche. In seinen persönlichen Schreiben nennt er Athene, den Sonnengott und andere heidnische Götter.

58 Julian verweist auf seine Abkunft vom Begründer der sog. Zweiten Flavischen Dynastie: Claudius Gothicus, Kaiser 268-270, der vom Balkan stammte und als vorbildlicher Herrscher und großer Feldherr galt, vgl. Or 1, 6D; *Caesares* 313D: *Or.* 8 (*An Sallustios*) 251D: *Misopogon – Der Barthasser* 348D.

59 Vgl. Platon, *Timaios* 22d: die Erzählung des Priesters in Ägypten vor Solon.

60 Trotz der politischen Entmachtung ist Griechenland immer noch ein Hort der Bildung und Athen eine »Kulturhauptstadt«. Die platonische Akademie wurde erst 529 durch Kaiser Justinian geschlossen. An die erwähnten Städte Athen, Sparta und Korinth richtete Julian seine Sendschreiben nach seiner Erhebung. Nur dasjenige an die Athener blieb erhalten, s. Anhang 1. Vgl. das Lob Athens, das sich noch einen Funken seiner ruhmreichen Vergangenheit erhalten habe, am Anfang dieses Schreibens.

ἕκητι τὸ Ἄργος πολυδίψιον· πολλαὶ μὲν γὰρ ἐν αὐτῷ τῷ ἄστει, πολλαὶ δὲ καὶ πρὸ τοῦ ἄστεος περὶ τὸν παλαιὸν ἐκεῖνον Μάσητα· τὴν Πειρήνην δὲ αὐτὴν ὁ Σικυὼν ἔχει καὶ οὐχ ἡ Κόρινθος· τῶν Ἀθηνῶν δὲ πολλὰ μὲν καὶ καθαρὰ καὶ ἐπιχώρια τὰ νάματα, πολλὰ δὲ ἔξωθεν ἐπιρρεῖ καὶ ἐπιφέρεται τίμια τῶν ἔνδον οὐ μεῖον· οἱ δὲ ἀγαπῶσι καὶ στέργουσι, πλουτεῖν ἐθέλοντες οὗ μόνου σχεδὸν ὁ πλοῦτος ζηλωτόν.

13 Ἡμεῖς δὲ τί ποτε ἄρα πεπόνθαμεν; καὶ τίνα νῦν διαπεραίνειν οἰόμεθα λόγον, εἰ μὴ τῆς φίλης Ἑλλάδος ἔπαινον, ‹ἧς› οὐκ ἔστι μνησθέντα μὴ πάντα θαυμάζειν; Ἀλλ' οὐ φήσει τις τυχόν, ὑπομνησθεὶς τῶν ἔμπροσθεν, ταῦτα ἐθέλειν ἡμᾶς ἐξ ἀρχῆς διελθεῖν, καθάπερ δὲ τοὺς Κορυβαντιῶντας ὑπὸ τῶν αὐλῶν ἐπεγειρομένους χορεύειν καὶ πηδᾶν οὐδενὶ ξὺν λόγῳ, καὶ ἡμᾶς ὑπὸ τῆς μνήμης τῶν παιδικῶν ἀνακινηθέντας ᾆσαι τῆς χώρας καὶ τῶν ἀνδρῶν ἐγκώμιον. Πρὸς δὴ τοῦτον ἀπολογεῖσθαι χρεὼν ὧδέ πως λέγοντα· »ὦ δαιμόνιε καὶ τέχνης ἀληθῶς γενναίας ἡγεμών, σοφὸν μὲν χρῆμα ἐπινοεῖς, οὐκ ἐφιεὶς οὐδὲ ἐπιτρέπων τῶν ἐπαινουμένων οὐδὲ ἐπὶ σμικρὸν μεθίεσθαι, ἅτε αὐτὸς οἶμαι ξὺν τέχνῃ τοῦτο δρῶν· ἡμῖν δὲ τὸν ἔρωτα τοῦτον, ὃν σὺ φῂς αἴτιον εἶναι τῆς ἐν τοῖς λόγοις ἀταξίας, ἐπειδὴ προσγέγονεν, οἶμαι παρακελεύεσθαι μὴ σφόδρα ὀκνεῖν μηδὲ εὐλαβεῖσθαι τὰς αἰτίας. Οὐ γὰρ ἀλλοτρίων ἡψάμεθα λόγων δεῖξαι ἐθέλοντες ὅσων ἡμῖν ἀγαθῶν αἰτία γέγονε τιμῶσα τὸ φιλοσοφίας ὄνομα. Τοῦτο δέ, οὐκ οἶδα ὅντινά μοι τρόπον ἐπικείμενον, ἀγαπήσαντι μὲν εὖ μάλα τὸ ἔργον καὶ ἐρασθέντι δεινῶς

Argos keineswegs »vieldürstend« genannt werden;[61] es gibt ja viele in der Stadt selbst, viele auch vor der Stadt, rund um das von alters her bekannte Mases.[62] Die Peirene-Quelle aber besitzt Sikyon, und nicht Korinth.[63] Athen hat viele solcher Quellen, rein und aus dem Erdreich entspringend, und viele strömen noch von außen her hinzu, sind aber nicht weniger wertvoll als die im Innern. Und die Bürger schätzen und lieben sie [119D] und wollen darin reich sein, was allein Reichtum erstrebenswert macht.

13 Doch wozu habe ich mich da hinreißen lassen? Und was für eine Rede will ich denn da zustande bringen – doch wohl eine Lobrede auf mein geliebtes Hellas, das man nicht erwähnen kann, ohne rundum in Begeisterung zu verfallen! Aber es wird wohl einer, in Erinnerung an meine früheren Worte, sagen, das sei es doch nicht, was ich zu Anfang meiner Rede vorgehabt hätte. Und wie die Korybanten[64], vom Klang der Flöten in Erregung versetzt, im Sinnestaumel tanzen und springen, [120] so hätte auch ich, hingerissen von der Erwähnung meiner Lieblingsstadt, angefangen, ein Preislied auf das Land und seine Bewohner zu singen. Dafür muss ich mich rechtfertigen, etwa so: 'Du wackerer Gelehrter, du bleibst der wahrhaft edlen Kunst auf der Spur und siehst die Sache mit aller Kennerschaft an. Du erlaubst es nicht und gestehst es nicht zu, dass man auch nur ein wenig vom Thema der Lobrede abweicht, weil du ja streng nach den Kunstregeln verfährst. Bei mir aber ist es doch so: Diese Begeisterung, [120B] deiner Ansicht nach die Ursache für eine fehlende Ordnung in meiner Rede, die ermutigte mich wohl vielmehr, als sie über mich kam, mir da keine Gedanken zu machen und mich nicht vor Kritik ängstlich in Acht zu nehmen.' Ich begebe mich ja keineswegs auf ein fremdes Terrain, wenn ich zeigen will, wie groß die Wohltaten waren, die Eusebia mir gewährte, indem sie den Namen der Philosophie ehrte. Und was diesen Namen eines Philosophen angeht, von dem ich nicht weiß, warum man ihn mir beigelegt hat – ich liebe zwar die Philosophie dem Namen nach und sehne mich ge-

61 So in der *Ilias* 4,171, dazu Strabon 370 (8,6,79).

62 Ort mit Hafen an der SW-Küste der Argolis, schon im Schiffskatalog der *Ilias* erwähnt (2, 562), s. Strabon 376 (8,6,17).

63 Was geographisch nicht zutrifft. Julian meint wohl, dass sich in Sikyon, das nach der Zerstörung Korinths durch die Römer (146 v. Chr.) die führende Stellung dort einnahm, bedeutendere Lehrer der Philosophie befanden. Auch die Quellen Athens sind so zu deuten: die erstgenannten als die herkömmlichen vier Philosophenschulen, die anderen als die Neuplatoniker. Vgl. K. Vatsend (2000) S. 144-146.

64 Die phrygischen Korybanten, göttliche Wesen im Gefolge der Großen Mutter, mit ekstatischen Tänzen und Musik.

τοῦ πράγματος, ἀπολειφθέντι δέ, οὐκ οἶδα ὅντινα τρόπον ὄνομα ἐτύγχανε μόνον καὶ λόγος ἔργου στερόμενος.

Ἡ δὲ ἐτίμα καὶ τοὔνομα· αἰτίαν γὰρ δὴ ἄλλην οὔτε αὐτὸς εὑρίσκω οὔτε ἄλλου του πυθέσθαι δύναμαι, δι' ἣν οὕτω μοι πρόθυμος γέγονε βοηθὸς καὶ ἀλεξίκακος καὶ σώτειρα, τὴν τοῦ γενναίου βασιλέως εὔνοιαν ἀκέραιον ἡμῖν καὶ ἀσινῆ μένειν ξὺν πολλῷ πόνῳ πραγματευσαμένη, ἧς μεῖζον ἀγαθὸν οὔποτε ἐγώ τι τῶν ἀνθρωπίνων νομίσας ἑάλων, οὐ τὸν ὑπὸ γῆς καὶ ἐπὶ γῆς χρυσὸν ἀντάξιον οὐδ' ἀργύρου πλῆθος, ὁπόσος νῦν ἐστιν ὑπ' αὐγὰς ἡλίου, καὶ εἴ ποτε ἄλλος προσγένοιτο, τῶν μεγίστων ὁρῶν αὐταῖς οἶμαι πέτραις καὶ δένδρεσι μεταβαλλόντων εἰς τήνδε τὴν φύσιν, οὐδὲ ἀρχὴν τὴν μεγίστην οὐδὲ ἄλλο τῶν πάντων οὐδέν· ἐκ μὲν γὰρ δὴ ,κείνης ταῦτά μοι γέγονε πολλὰ καὶ ὅσα οὐδεὶς ἂν ἤλπισεν, οὐ σφόδρα πολλῶν δεομένῳ γε οὐδὲ ἐμαυτὸν ἐλπίσι τοιαύταις τρέφοντι.

Εὔνοιαν δὲ ἀληθινὴν οὐκ ἔστι πρὸς χρυσίον ἀμείψασθαι, οὐδὲ ἄν τις αὐτὴν ἐντεῦθεν πρίαιτο, θείᾳ δέ τινι καὶ κρείττονι μοίρᾳ ἀνθρώπων ἀγαθῶν συμπροθυμουμένων, ὃ δὴ καὶ ἐμοὶ παρὰ βασιλέως παιδὶ μὲν ὑπῆρχε κατὰ θεόν, ὀλίγου δὲ οἴχεσθαι δεῆσαν ἀπεσώθη πάλιν τῆς βασιλίδος ἀμυνούσης καὶ ἀπειργούσης τὰς ψευδεῖς καὶ ἀλλοκότους ὑποψίας, ἃς ἐπειδὴ παντελῶς ἐκείνη διέλυσεν, ἐναργεῖ τεκμηρίῳ τῷ βίῳ τῷμῷ χρωμένη, καλοῦντός τε αὖθις τοῦ βασιλέως ἀπὸ τῆς Ἑλλάδος ὑπήκουον, ἆρα ἐνταῦ-

waltig danach, sie selbst richtig kennen zu lernen, [120C] aber eben daran fehlt es mir noch.

Eusebia aber ehrte ebendiesen Namen. Ich kann nämlich keinen anderen Grund dafür finden oder von jemand anderem in Erfahrung bringen, weshalb sie mir so eifrig und tatkräftig zur Seite stand, alle Übel von mir abwehrte und meine Retterin war und sich mit so großer Mühe dafür einsetzte, dass mir das ungetrübte und uneingeschränkte Wohlwollen unsres edlen Kaisers erhalten blieb.[65] Ich bin und bleibe bei der Überzeugung, dass es niemals ein höheres Gut auf der Welt gibt als diese ihre Handlungsweise. Nicht alles Gold unter der Erde und auf der Erde ist so viel wert, noch all die Menge von Silber, [120D] wie sie sich nun unter den Strahlen der Sonne findet und wenn noch anderes hinzukäme,[66] und nicht – stellen wir uns das einmal vor – wenn die höchsten Berge, wenn Steine und Bäume sich in diese Substanz verwandelten, oder die höchste Macht oder irgend etwas anderes auf der ganzen Welt.[67] Und das alles wurde mir durch sie geschenkt, so viel und was niemand erhoffen konnte – ich selbst habe mir ja keineswegs so viel erbeten, noch habe ich je so kühne Hoffnungen gehegt.

[121] Echte und wahre wohlwollende Anteilnahme kann man einfach nicht in Geldwert umrechnen, noch kann jemand sie sich mit solchen Mitteln erkaufen; es kann sich nur fügen beim Zusammenwirken von edlen Menschen mit einer göttlichen und höheren Kraft. Und dies wurde mir vom Kaiser als Kind schon zuteil, nach göttlichem Willen, und als dieses sein Wohlwollen zu schwinden drohte, da wurde es mir wieder gerettet, da die Kaiserin mich verteidigte und die falschen, lügnerischen und geradezu monströsen Anschuldigungen von mir abwehrte.[68] Und nachdem sie, mit dem Hinweis auf mein bisheriges Leben als leuchtenden Beweis, mich ganz und gar von jenen Vorwürfen

---

65 Während des sechsmonatigen Aufenthalts in Mailand, als Julian unter Verdacht stand. Mit äußerst starken Worten, die sonst für männliches Tun gebraucht werden, wird hier, ebenso wie in *ad Ath.* 273A und 274A sowie bei Ammian 15,8.3 das Eintreten der Kaiserin zugunsten Julians beschrieben: *alexíkakos*: Übel abwehrend, in Verbindung mit *metis*: ein Unheil abwehrender Plan (Il. 10,20), sonst von Göttern gesagt wie Zeus und Apollon. So auch *Agonisaméne* (*ad Ath.* 274A): Ausdruck für kämpfen im Wettkampf, in der Schlacht, aber auch vor Gericht. Diese »männliche« Tätigkeit ersetzt die zum herrscherlichen männlichen Tugendkanon gehörige *andreía*, die Tapferkeit.

66 Anspielung auf die überreichen Gaben, die Achill zur Aufgabe seines Grolls bewegen sollen, *Il.* 9,380.

67 Die rhetorische Figur des *Adynaton*, des Unmöglichen, häufig dichterisch zur Steigerung gebraucht.

68 Vgl. Fußn. 53.

θα κατέλιπεν, ὡς οὐκέτι πολλῆς βοηθείας, ἅτε οὐδενὸς ὄντος ἐν μέσῳ δυσχεροῦς οὐδὲ ὑπόπτου, δεόμενον; καὶ πῶς ἂν ὅσια δρῴην οὕτως ἐναργῆ καὶ σεμνὰ σιωπῶν καὶ ἀποκρύπτων; κυρουμένης τε γὰρ ἐπ' ἐμοὶ τοῦ βασιλέως ταυτησὶ τῆς γνώμης, διαφερόντως ηὐφραίνετο καὶ συνεπήχει μουσικόν, θαρρεῖν κελεύουσα καὶ μήτε τὸ μέγεθος δείσαντα τῶν δεδομένων ἀρνεῖσθαι τὸ λαβεῖν, μήτε ἀγροίκῳ καὶ λίαν αὐθάδει χρησάμενον παρρησίᾳ φαύλως ἀτιμάσαι τοῦ τοσαῦτα ἐργασαμένου ἀγαθὰ τὴν ἀναγκαίαν αἴτησιν. Ἐγὼ δὲ ὑπήκουον, οὔτι τοῦτό γε ἡδέως σφόδρα ὑπομένων, ἄλλως δὲ ἀπειθεῖν χαλεπὸν ὂν σφόδρα ἠπιστάμην· οἷς γὰρ ἂν ἐξῇ πράττειν ὅ τι ἂν ἐθέλωσι σὺν βίᾳ, ἢ που δεόμενοι δυσωπεῖν καὶ πείθειν ἀρκοῦσιν.

14 Οὐκοῦν ἐπειδή μοι πεισθέντι γέγονε καὶ μεταβαλόντι ἐσθῆτα καὶ θεραπείαν καὶ διατριβὰς τὰς συνήθεις καὶ τὴν οἴκησιν δὲ αὐτὴν καὶ δίαιταν πάντα ὄγκου πλέα καὶ σεμνότητος ἐκ μικρῶν, ὡς εἰκός, καὶ φαύλων τῶν πρόσθεν, ἐμοὶ μὲν ὑπὸ ἀηθείας ἡ ψυχὴ διεταράττετο, οὔτι τὸ μέγεθος ἐκπληττομένῳ τῶν παρόντων ἀγαθῶν (σχεδὸν γὰρ ὑπὸ ἀμαθίας οὐδὲ μεγάλα ταῦτα ἐνόμιζον), ἀλλὰ δυνάμεις τινὰς χρωμένοις μὲν ὀρθῶς σφόδρα ὠφελίμους, ἁμαρτάνουσι δὲ περὶ τὴν χρῆσιν βλαβερὰς καὶ οἴκοις καὶ πόλεσι πολλαῖς μυρίων αἰτίας ξυμφορῶν.

Παραπλήσια δὲ ἐπεπόνθειν ἀνδρὶ σφόδρα ἀπείρως ἡνιοχικῆς ἔχοντι καὶ οὐδὲ ἐθελήσαντι ταύτης μεταλαβεῖν τῆς τέχνης, κᾆτα ἀναγκαζομένῳ καλοῦ καὶ γενναίου κομίζειν ἅρμα ἡνιόχου, πολ-

gereinigt hatte und ich wiederum der Vorladung des Kaisers [121B] von Griechenland her folgte[69] -- ließ sie mich da im Stich, als ob ich keine besondere Unterstützung mehr brauchte, als ob nun keiner mehr mir feindlich und argwöhnisch im Wege stünde? Hätte ich mich pflichttreu verhalten, wenn ich ihre deutliche und aller Ehren werte Stellungnahme mit dem Mantel des Schweigens bedeckt hätte? Als sich die gute Meinung von mir beim Kaiser fest begründet hatte, da freute sie sich ganz außerordentlich, sie stimmte harmonisch mit dem Kaiser überein. Mich aber hieß sie, mutig zu sein und mich nicht aus Furcht vor der Größe der Aufgabe zu weigern, [121C] sie zu übernehmen, noch in einem rüden und trotzigen Ton geringschätzig hinwegzugehen über die dringliche Forderung dessen, der mir solche Gunst erwiesen hätte. Ich gehorchte, obwohl ich diese Aufgabe keineswegs gerne übernahm,[70] aber ich sah ein, dass eine Ablehnung ebenso wenig in Frage kam. Denn wenn diejenigen, welche die Macht haben, mit Gewalt das durchzusetzen, was sie wollen, sich einmal herablassen zum Bitten, dann bringen sie uns dazu, die Augen niederzuschlagen und nachzugeben.

14 Als ich nun zugestimmt hatte,[71] [121D] musste ich natürlich meine Bekleidung ändern, meine Bediensteten wechseln, meine bisherigen Gewohnheiten aufgeben. Mein Hausstand und meine Lebensweise waren auf einmal zeremoniell, statt einfach und bescheiden wie vorher.[72] Ich war von all den ungewohnten Neuerungen ganz verwirrt, wobei mich freilich das Ausmaß der Güter, die mir nun zur Verfügung standen, nicht grundsätzlich aus der Fassung brachte. In meiner Unerfahrenheit hielt ich sie nämlich gar nicht für so hohe Güter, sondern eher für bestimmte Machtmittel, die denen, die sie recht gebrauchen, höchst nützlich sind. [122] Wer aber einen falschen Gebrauch von ihnen macht, dem werden sie zum Schaden, für viele Häuser und Städte und zur Ursache von zahllosen Leiden.

Ich kam mir ähnlich vor wie ein Mann, der sich überhaupt nicht darauf versteht, einen Wagen zu lenken, und auch gar nicht darauf aus ist, diese Technik zu lernen. Dann wird er aber gezwungen, einen Wa-

---

69 Im Oktober 355. Julian war bei der Abreise aus Athen im Unklaren über sein Schicksal; die Ernennung zum Caesar traf ihn unvorbereitet. Vgl. *ad Ath.* 275AB, im Anhang 1.

70 Dies betont Julian auch in *ad Ath.* 275 und *Misopogon* 352D.

71 Vgl. *ad Ath.* 274C: Es sei die sprichwörtliche thessalische Zwangsüberredung gewesen, bei der der Zwang als freie Wahl kaschiert wird. Vgl. auch *Or.* 1,31D, 32A, von der Überwindung des Usurpators Vetranio gesagt.

72 Vgl. *ad Ath.* 274CD: Julian, der Student, wurde von den Höflingen zurechtgestutzt und aufgeputzt, bevor er vor das Angesicht des Kaisers treten durfte.

λὰς μὲν ξυνωρίδας, πολλὰ δὲ οἶμαι τέτρωρα τρέφοντος καὶ ἅπασι μὲν ἐπιβεβηκότος, διὰ <δὲ> γενναιότητα φύσεως καὶ ῥώμην ὑπερβάλλουσαν ἔχοντος οἶμαι τὰς ἡνίας πάντων ἐγκρατῶς, εἰ καὶ ἐπὶ τῆς μιᾶς ἄντυγος μένοι, οὐ μὴν ἀεί γε ἐπ' αὐτῆς μένοντος, μεταφερομένου δὲ πολλάκις ἐνθένδε ἐκεῖσε καὶ ἀμείβοντος δίφρον ἐκ δίφρου, εἴ ποτε τοὺς ἵππους πονουμένους ἢ καὶ ὑβρίσαντας αἴσθοιτο· ἐν δὲ δὴ τοῖς ἅρμασι τοῖσδε κεκτημένου τέτρωρον ὑπὸ ἀμαθίας καὶ θράσους ὑβρίζον, πιεζόμενον τῇ συνεχεῖ ταλαιπωρίᾳ, καὶ τοῦ θράσους οὐδέν τι μᾶλλον ἐπιλαθόμενον, ἀγριαῖνον δὲ ἀεὶ καὶ παροξυνόμενον ὑπὸ τῶν συμφορῶν ἐπὶ τὸ μᾶλλον ὑβρίζειν καὶ ἀπειθεῖν καὶ ἀντιτείνειν, οὐ δεχόμενον ἀμῶς γέ πῃ πορεύεσθαι, ἀλλ' εἰ μὴ καὶ αὐτὸν ὁρῴη τὸν ἡνίοχον διὰ τέλους χαλεπαῖνον ἤ, τό γε ἔλαττον, στολὴν γοῦν ἡνιοχικὴν ἄνθρωπον φέροντα· οὕτως ἐστὶν ἀλόγιστον φύσει· ὁ δὲ οἶμαι παραμυθούμενος αὐτοῦ τὴν ἄνοιαν ἄνδρα ἐπέστησε, δοὺς φέρειν τοιαύτην ἐσθῆτα καὶ σχῆμα περιβαλὼν ἡνιόχου σεμνοῦ καὶ ἐπιστήμονος, ὃς εἰ μὲν ἄφρων εἴη παντελῶς καὶ ἀνόητος, χαίρει καὶ γέγηθε καὶ μετέωρος ὑπὸ τῶν ἱματίων καθάπερ πτερῶν ἐπαίρεται, συνέσεως δὲ εἰ καὶ ἐπὶ σμικρὸν μετέχοι καὶ σώφρονος νοῦ, σφόδρα εὐλαβεῖται. Μήπως αὐτόν τε τρώσῃ σύν θ' ἅρματα ἄξῃ, καὶ τῷ μὲν ἡνιόχῳ ζημίας,

gen zu übernehmen, der einem ausgezeichneten und vornehmen Wagenlenker gehört.[73] Dieser hält sich viele Zwei- und Viergespanne und fährt sie auch alle selbst, und aufgrund seiner natürlichen Begabung und außergewöhnlichen Stärke führt er bei allen kraftvoll die Zügel, [122B] auch wenn er nur auf einem Wagen fährt. Er bleibt aber durchaus nicht immer nur auf einem, sondern wechselt öfters hierhin und dorthin und von einem Wagen auf den andern, wenn er merkt, dass die Pferde erschöpft sind oder sich sträuben. Unter diesen seinen Wagen hat er auch ein Viergespann, dessen Pferde, nicht genügend geschult und temperamentvoll, sich widerspenstig zeigen, auch bedrückt von beständiger harter Arbeit, die aber dennoch ihr Temperament nicht verleugnen. Sie werden aber immer wilder und gereizter durch ihre zu starke Belastung, [122C] so dass sie noch widerspenstiger und ungehorsamer werden, sich gegen den Zügel wehren und nicht in eine bestimmte Richtung gehen wollen.[74] Und wenn sie auch den Wagenlenker selbst sehen oder wenigstens an seiner Stelle einen Mann, der den Dress des Wagenlenkers trägt – sie gehen letzten Endes einfach durch, so unvernünftig sind sie ihrer Natur nach. Der Wagenbesitzer gibt ihnen nun, um sie in ihrer Heftigkeit zu besänftigen, einen Lenker und lässt diesen den gleichen Dress tragen und stattet ihn aus, so dass er aussieht wie ein würdiger und erfahrener Wagenlenker. [122D] Wenn der nun aber ganz und gar ohne Verstand und Einsicht ist, dann wird er sich gar nicht lassen können vor lauter Freude und schwebt in höheren Sphären wegen dieser Kleider, als ob sie ihn wie Flügel in die Höhe tragen würden. Hat der Betreffende aber auch nur ein wenig Verstand und Einsicht, dann wird er eher große Bedenken haben, »dass er sich nicht verletzt und den Wagen zerschmettert«[75] und dem

73 Der Vergleich des Staatsmannes mit einem Wagenlenker bei Platon *rep.* 566d (allerdings eines Tyrannen); im *Phaidros* 246a-247c; 253d die beiden Rosse vor dem Seelenwagen, das eine ist gut und edel, das andere wild und starrsinnig und schwer zu zügeln. Vgl. K. Vatsend (2000) S. 129: »Im Gleichnis entsprechen der Wagenlenker dem Kaiser, sein Stellvertreter dem neuen Caesar Julian und die unterschiedlichen Wagen den Provinzen des Reiches, unter welchen das Julian anvertraute Viergespann Gallien vertritt. Was die Widerspenstigkeit gerade dieses Gespanns betrifft, wäre z. B. an die Usurpationen des Silvanus 355 und des Magnentius 350-353 ... zu denken.« Der Wagenlenker wechselt von einem Gespann zum andern: Vgl. *Or.* 2: Julian rühmt den Kaiser, er sei immer zur Stelle, wenn ein Teil des Reiches in Bedrängnis sei (101D).

74 Vielleicht eine Anspielung auf den Steuerdruck, dem die gallischen Länder trotz ihrer Notlage ausgesetzt waren (vgl. Amm. 21,16.17) und den Julian später zu lindern suchte.

75 Nach *Il.* 23,341: das Wagenrennen bei den Leichenspielen für Patroklos.

αὐτῷ δὲ αἰσχρᾶς καὶ ἀδόξου συμφορᾶς αἴτιος γένηται. Ταῦτα ἐγὼ ἐλογιζόμην ἐν νυκτὶ βουλεύων καὶ δι' ἡμέρας κατ' ἐμαυτὸν ἐπισκοπούμενος, σύννους ὢν ἀεὶ καὶ σκυθρωπός.

Ὁ γενναῖος δὲ καὶ θεῖος ἀληθῶς αὐτοκράτωρ ἀφῄρει τι πάντως τῶν ἀλγεινῶν, ἔργοις καὶ λόγοις τιμῶν καὶ χαριζόμενος· τέλος δὲ τὴν βασιλίδα προσειπεῖν κελεύει, θάρσος τε ἡμῖν ἐνδιδοὺς καὶ τοῦ σφόδρα πιστεύειν γενναῖον εὖ μάλα παρέχων γνώρισμα.

Ἐγὼ δὲ ἐπειδὴ πρῶτον ἐς ὄψιν ἐκείνης ἦλθον, ἐδόκουν μὲν ὥσπερ ἐν ἱερῷ καθιδρυμένον ἄγαλμα σωφροσύνης ὁρᾶν· αἰδὼς δὲ ἐπεῖχε τὴν ψυχήν, καὶ ἐπέπηκτό μοι κατὰ γῆς τὰ ὄμματα συχνὸν ἐπιεικῶς χρόνον, ἕως ἐκείνη θαρρεῖν ἐκέλευε καί· »Τὰ μέν«, ἔφη, »παρ' ἡμῶν ἤδη ἔχεις, τὰ δὲ καὶ ἕξεις σὺν θεῷ, μόνον εἰ πιστὸς καὶ δίκαιος εἰς ἡμᾶς γένοιο.« Τοσαῦτα ἤκουσα σχεδόν· οὐδὲ γὰρ αὐτὴ πλεῖον ἐφθέγξατο, καὶ ταῦτα ἐπισταμένη τῶν γενναίων ῥητόρων οὐδὲ ἓν φαυλοτέρους ἀπαγγέλλειν λόγους. Ταύτης ἐγὼ τῆς ἐντεύξεως ἀπαλλαγεὶς σφόδρα ἐθαύμασα καὶ ἐξεπεπλήγμην, ἐναργῶς δοκῶν ἀκηκοέναι σωφροσύνης αὐτῆς φθεγγομένης· οὕτω πρᾷον ἦν αὐτῇ φθέγμα καὶ μείλιχον, ταῖς ἐμαῖς ἀκοαῖς ἐγκαθιδρυμένον.

15 Βούλεσθε οὖν τὰ μετὰ ταῦτα πάλιν ἔργα καὶ ὅσα ἔδρασεν ἡμᾶς ἀγαθὰ καθ' ἕκαστον λεπτουργοῦντες ἀπαγγέλλωμεν; ἢ τά γε ἐντεῦθεν ἀθρόως ἑλόντες, καθάπερ ἔδρασεν αὕτη, πάντα ὁμοῦ διηγησώμεθα; ὁπόσους μὲν εὖ ἐποίησε τῶν ἐμοὶ γνωρίμων, ὅπως δὲ ἐμοὶ μετὰ τοῦ βασιλέως τὸν γάμον ἥρμοσεν. Ὑμεῖς δὲ ἴσως ποθεῖτε καὶ τὸν κατάλογον ἀκούειν τῶν δώρων,

Wagenbesitzer Schaden zufügt und sich selber Schmach und Schande bereitet. Über all das dachte ich in der Nacht nach und ging mit mir zu Rate, und am Tage überlegte ich hin und her [123] und war ständig in düsteren Gedanken.

Der edle und wahrhaft göttliche Kaiser aber befreite mich aus meinen schmerzlichen Grübeleien, indem er mir Ehren- und Gunstbeweise in Wort und Tat zukommen ließ.[76] Schließlich aber hieß er mich, die Kaiserin anzusprechen, machte mir Mut und gab mir damit einen höchst großzügigen Beweis seines unbedingten Vertrauens.

Als ich nun zum ersten Mal vor ihr Antlitz trat, da schien es mir, als sähe ich eine Statue der Sophrosyne, aufgestellt in einem Tempel. Ein Gefühl der Ehrfurcht erfüllte meine Seele, meine Augen blieben für lange Zeit auf den Boden geheftet,[77] bis sie selbst mich aufforderte, Mut zu fassen. »Du hast«, sagte sie, »von uns schon Gunstbeweise erhalten und wirst mit dem Beistand Gottes noch andere bekommen, wenn du dich nur treu und redlich uns gegenüber erweist.« Das war ungefähr alles, was ich zu hören bekam, denn sie sagte nichts weiter, und das, obwohl ihre Beredsamkeit derjenigen der besten Redner in nichts nachsteht. [123B] Als ich sie nach dieser Audienz verließ, war ich voll staunender Bewunderung und tiefer Ergriffenheit; ich war fest überzeugt, die Stimme der Sophrosyne selbst gehört zu haben, so mild und sanft war der Ton ihrer Worte: Ich höre sie immer noch in meinem Innern. [123C]

15 Wollt ihr nun, dass ich euch einen Bericht darüber gebe, was sie nachher tat, und ihre Gunstbeweise mir gegenüber alle nacheinander genau aufzähle? Oder soll ich von da an alles, ganz so wie sie es tat, in Kurzform wiedergeben? Wie vielen meiner Freunde sie Gutes tat, [123D] wie sie mir zusammen mit dem Kaiser die Hochzeit ausrichtete?[78] Vielleicht wollt ihr auch eine Liste der Hochzeitgeschenke hören:

---

76 Julian lebte inzwischen nicht mehr in einer Vorstadt Mailands, sondern im Palast; so konnte ein Zusammentreffen mit der Kaiserin ermöglicht werden.

77 Ein Zeichen für Bescheidenheit und Selbstbeherrschung, wie es Julian von seinem Lehrer Mardonios gelernt hatte, vgl. *ad Ath.* 274D; *Misopogon* 351A. Sophrosyne wurde als Gottheit in Kleinasien kultisch verehrt, hier umfassend als Besonnenheit, Klugheit, Mäßigung und Sittsamkeit.

78 So wie sein Bruder Gallus wurde auch Julian mit einer Schwester des Constantius verheiratet, Helena. Sie folgte Julian nach Gallien und starb wie Eusebia i. J. 360. Dass sie hier nicht näher erwähnt wird, sagt nichts über Julians Gefühle für sie aus; es wäre unpassend gewesen, hier im Lobpreis einer schönen jungen Frau eine andere auftreten zu lassen (anders Bidez (1940) S. 140f.).

Ἕπτ᾽ ἀπύρους τρίποδας, δέκα δὲ χρυσοῖο τάλαντα
καὶ λέβητας ἐείκοσιν.

Ἀλλ᾽ οὔ μοι σχολὴ περὶ τῶν τοιούτων ἀδολεσχεῖν· ἑνὸς δὲ ἴσως τῶν ἐκείνης δώρων τυχὸν οὐκ ἄχαρι καὶ εἰς ὑμᾶς ἀπομνημονεῦσαι, ᾧ μοι δοκῶ καὶ αὐτὸς σφόδρα ἡσθῆναι διαφερόντως· βίβλους γὰρ φιλοσόφων καὶ ξυγγραφέων ἀγαθῶν καὶ ῥητόρων πολλῶν καὶ ποιητῶν, ἐπειδὴ παντελῶς ὀλίγας οἴκοθεν ἔφερον, ἐλπίδι καὶ πόθῳ τοῦ πάλιν οἴκαδε ἐπανελθεῖν τὴν ταχίστην ψυχαγωγούμενος, ἔδωκεν ἀθρόως τοσαύτας, ὥστε ἐμοῦ μὲν ἀποπλῆσαι τὴν ἐπιθυμίαν σφόδρα ἀκορέστως ἔχοντος τῆς πρὸς ἐκεῖνα συνουσίας, μουσεῖον δὲ Ἑλληνικῶν ἀποφῆναι βιβλίων ἕκητι τὴν Γαλατίαν καὶ τὴν Κελτίδα. Τούτοις ἐγὼ προσκαθήμενος συνεχῶς τοῖς δώροις, εἴ ποτε σχολὴν ἄγοιμι, οὐκ ἔστιν ὅπως ἐπιλανθάνωμαι τῆς χαρισαμένης· ἀλλὰ καὶ στρατευομένῳ μοι ἕν γέ τι πάντως ἕπεται οἷον ἐφόδιον τῆς στρατείας πρὸς αὐτόπτου πάλαι ξυγκείμενον. Πολλὰ γὰρ δὴ τῆς τῶν παλαιῶν ἔργων ἐμπειρίας ὑπομνήματα ξὺν τέχνῃ γραφέντα τοῖς ἁμαρτοῦσι διὰ τὴν ἡλικίαν τῆς θέας ἐναργῆ καὶ λαμπρὰν εἰκόνα φέρει τῶν πάλαι πραχθέντων, ὑφ᾽ ἧς ἤδη καὶ νέοι πολλοὶ γερόντων μυρίων πολιὸν μᾶλλον ἐκτήσαντο τὸν νοῦν καὶ τὰς φρένας, καὶ τὸ δοκοῦν ἀγαθὸν ἐκ τοῦ γήρως ὑπάρχειν τοῖς ἀνθρώποις μόνον, τὴν ἐμπειρίαν, δι᾽ ἣν ὁ πρεσβύτης. Ἔχει τι λέξαι τῶν νέων σοφώτερον, τοῖς οὐ ῥᾳθύμοις τῶν νέων ἔδωκεν. Ἔστι δὲ οἶμαί τις ἐν αὐτοῖς καὶ παιδαγωγία πρὸς ἦθος γενναῖον, εἴ τις ἐπίσταιτο τοὺς ἀρίστους ἄνδρας καὶ λόγους καὶ πράξεις, οἷον ἀρχέτυπα προτιθέμενος δημιουργός, πλάττειν ἤδη πρὸς ταῦτα τὴν

Sieben dreifüßige Kessel, unberührt vom Feuer, zehn Talente von Gold, und zwanzig schimmernde Becken (*Il.* 9, 122f.).[79]

Doch ich habe keine Zeit, über solche Dinge zu schwatzen. Eines dieser Geschenke euch gegenüber zu erwähnen, wäre vielleicht doch schön, denn ich hatte selbst eine riesige Freude daran. Sie schenkte mir nämlich Bücher – [124] die Werke von den besten Philosophen und Geschichtsschreibern, und viele von Rednern und Dichtern. Ich hatte ja kaum Bücher von zu Hause mitgebracht; im Grunde meiner Seele hoffte und wünschte ich ja, möglichst bald wieder heimzukommen. Und da schenkte sie mir nun mit einem Mal so viele, dass meine Sehnsucht gestillt war, obwohl ich eigentlich ganz unersättlich bin im Umgang mit Büchern. So erschienen mir, was die Bücher anging, Gallien und das Keltenland als ein griechischer Tempel der Musen. Diesen Geschenken widmete ich mich in jedem freien Augenblick, so dass ich niemals die freundliche Geberin vergessen konnte. [124B] Ja sogar im Feld begleitet mich eines davon und ich studiere es als einen Führer für meinen Feldzug, geschrieben vor langer Zeit von einem Augenzeugen.[80] Denn viele von diesen Erfahrungsberichten aus früheren Zeiten, mit Sachverstand verfasst, vermitteln denjenigen, die ihrer Jugend wegen keine Vorstellung davon haben können, ein klares und einleuchtendes Bild von solchen großen Taten der Vergangenheit. Dadurch sind auch schon viele jüngere Leute zu mehr Verständnis und Einsicht gekommen als sehr viele alte Männer. [124C] Und der Vorteil, von dem man glaubt, er käme dem Menschen nur vom Alter – die Erfahrung meine ich, durch die ein alter Mann »viel weiser sprechen kann als die Jungen«[81] – den können sich auch die Jüngeren aneignen, wenn sie nur genügend Eifer aufbringen. Diese Bücher haben, so meine ich, auch eine erzieherische Wirkung zur Charakterbildung, wenn man die hervorragenden Persönlichkeiten und ihre Worte und Taten kennengelernt hat und sie sich als Muster vor Augen stellt, wie ein Künstler bei der Arbeit, damit man danach seine eigene Denkweise herausbilden und seine Redeweise angleichen

79 *Il.* 9,122f. Es sind die Gaben Agamemnons, mit denen er den Groll des Achilleus besänftigen will.

80 Die Figur der Antonomasie, vgl. Fußn. 16. Es ist Caesars *Gallischer Krieg*, dessen Kenntnis Julian auch in seinem *Kaiserbankett* (*Caesares*) erkennen lässt (320D, 321A). Er hat selbst *Commentarii* über seine Kriegführung in Gallien verfasst, mit seinem Sieg bei Straßburg. Vgl. Libanios *Or.* 13,25, der ihn als Feldherrn und Schriftsteller rühmt. Er habe gleichermaßen Waffen wie Bücher in Händen gehabt und von Letzteren auch für seine Kriegführung profitiert (18,72).

81 Euripides *Phoenissen* 529f.

αὐτοῦ διάνοιαν καὶ ἀφομοιοῦν πρὸς τοὺς λόγους· ὧν εἰ μὴ πάμπληθες ἀπολειφθείη, τυγχάνοι δὲ καὶ ἐπ' ὀλίγον τῆς ὁμοιότητος, οὐ σμικρὰ ἂν ὄναιτο, εὖ ἴστε. Ὃ δὴ καὶ αὐτὸς πολλάκις ξυννοῶν παιδιάν τε οὐκ ἄμουσον ἐν αὐτοῖς ποιοῦμαι καὶ στρατευόμενος καθάπερ σιτία φέρειν ἀναγκαῖα καὶ ταῦτα ἐθέλω· μέτρον δέ ἐστι τοῦ πλήθους τῶν φερομένων ὁ καιρός.

16 Ἀλλὰ μή ποτε οὐκ ἐκείνων χρὴ νῦν τὸν ἔπαινον γράφειν οὐδὲ ὅσα ἡμῖν ἀγαθὰ γένοιτ' ἂν ἐνθένδε, ὁπόσου δὲ τὸ δῶρον ἄξιον καταμαθόντας χάριν ἀποτίνειν τυχὸν οὐκ ἀλλοτρίαν τοῦ δοθέντος τῇ χαρισαμένῃ. Λόγων γὰρ ἀστείων καὶ παντοδαπῶν θησαυροὺς τῶν ἐν ταῖς βίβλοις δεξάμενον, οὐκ ἄδικον διὰ σμικρῶν καὶ φαύλων ῥημάτων ἰδιωτικῶς καὶ ἀγροίκως ἄγαν ξυγκειμένων ᾄδειν εὐφημίαν· Οὐδὲ γὰρ γεωργὸν φήσεις εὐγνώμονα, ὃς καταφυτεύειν μὲν τὴν φυταλίαν ἀρχόμενος κλήματα ᾔτει παρὰ τῶν γειτόνων, εἶτα ἐκτρέφων τὰς ἀμπέλους δίκελλαν καὶ αὖθις σμινύην, καὶ τέλος ἤδη κάλαμον, ᾧ χρῆν προσδεδέσθαι καὶ ἐπικεῖσθαι τὴν ἄμπελον, ἵνα αὐτή τε ἀνέχηται καὶ οἱ βότρυες ἐξηρτημένοι μηδαμοῦ ψαύωσι τῆς βώλου, τυχόντα δὲ ὧν ἐδεῖτο, μόνον ἐμπίπλασθαι τοῦ Διονύσου τῆς χάριτος, οὐδὲ τῶν βοτρύων οὐδὲ τοῦ γλεύκους μεταδιδόντα τούτοις ὧν πρὸς τὴν γεωργίαν ἔτυχε προθύμων. Οὔκουν οὐδὲ νομέα ποιμνίων οὐδὲ βουκολίων οὐδὲ μὴν αἰπολίων ἐπιεικῆ καὶ ἀγαθὸν καὶ εὐγνώμονα φήσει τις, ὃς τοῦ μὲν χειμῶνος, ὅτε αὐτῷ στέγης καὶ πόας ἐδεῖτο τὰ βοσκήματα, σφόδρα ἐτύγχανε προθύμων τῶν φίλων, πολλὰ μὲν αὐτῷ ξυμποριζόντων καὶ μεταδιδόντων τροφῆς ἀφθόνου καὶ καταγωγίων, ἦρος δὲ οἶμαι καὶ θέρους φανέντος μάλα γενναίως ἐπιλαθόμενον ὧν εὖ πάθοι, οὔτε τοῦ γάλακτος οὔτε τῶν τυρῶν οὔτε ἄλλου του μεταδιδόντα τούτοις ὑφ' ὧν αὐτῷ διεσώθη ἀπολλύμενα ἂν ἄλλως τὰ θρέμματα.

kann.[82] Und vorausgesetzt dass man dies nicht gänzlich verfehlt, [124D] und auch nur ein eher schwaches Abbild erreicht, dann hat man doch keinen geringen Nutzen davon, das wisst ihr ja. Aus dieser Vorstellung heraus gebe ich mir selbst eine musische Erziehung mit der Hilfe von Büchern, ja selbst auf meinen Feldzügen will ich sie dabei haben, wie eine Notration. Wie viele ich jeweils mitnehme, das hängt von den Umständen ab.

16 Aber es ist vielleicht doch nicht nötig, nun eine Lobrede auf Bücher zu verfassen noch all das Gute zu beschreiben, das ich ihnen verdanke. [125] Doch gerade weil ich mir über den Wert dieses Geschenks so deutlich klar geworden bin, sollte mein Dank gegenüber der großzügigen Spenderin wohl auch in einer Form abgefasst sein, die zu dieser Gabe passt. Wenn jemand kluge Worte aller Art als einen Schatz in Büchern gefunden hat, dann ist es nur recht und billig, wenn er ein Loblied singt, sei es auch nur in bescheidenen und dürftigen Ausdrücken, abgefasst in einer schlichten Alltagssprache. Man würde ja nicht sagen, ein Landmann habe die rechte Gesinnung, der beginnt, einen Weinberg anzulegen und sich dazu Stecklinge ausbittet von seinen Nachbarn, und dann, wenn er die Rebstöcke beschneidet, bittet er um ein Winzermesser und wiederum um eine Hacke, und schließlich und endlich um einen Rebenpfahl als Stütze, [125B] an den die Rebenpflanze angebunden wird und sich anlehnen muss, damit sie sich aufrecht hält und die Trauben, die daran hängen, nirgendwo das Erdreich berühren.[83] Und nachdem dieser Landmann alles erhalten hat, um was er gebeten hatte, dann trinkt er sich satt am Geschenk des Dionysos und gibt weder von den Trauben noch vom Most etwas ab an diejenigen, bei denen er so bereitwillige Hilfe gefunden hatte bei seinem Weinbau. Ebenso würde man von einem Schafhirten, einem Rinderhirten, ja auch von einem Ziegenhirten gewiss nicht sagen, er sei ein anständiger, ordentlicher und vernünftiger Mann, wenn er im Winter, wenn seine Herden Unterkunft und Futter brauchen, [125C] sich dazu ganz an seine hilfsbereiten Freunde hält, die ihm vieles verschaffen und ihm überreichlich Futter abgeben und einen Unterstand zur Verfügung stellen – und wenn dann der Frühling und der Sommer kommt, dann vergisst er großzügig, was er alles an Gutem bekommen hat, und teilt weder seine Milch noch den Käse oder sonst etwas mit denjenigen, die ihm sein Vieh gerettet hatten, das er anders wohl eingebüßt hätte.[84]

82 Hier ist an Plutarch zu denken, den Julian oft zitiert, vgl. *Misopogon* 359A.

83 Im Brief 2, 426D erwähnt Julian den Wein, der auf seinem kleinen Anwesen (Fußn. 52) wächst und um den er sich selbst gekümmert hat.

84 Vgl. Hesiod *Erga* 342: Nachbarschaftshilfe gehört zu den Grundverhältnissen des Lebens, doch muss sie auf Gegenseitigkeit beruhen. Julian

Ὅστις οὖν λόγους ὁποιουσοῦν τρέφων, νέος μὲν αὐτὸς καὶ ἡγεμόνων πολλῶν δεόμενος, τροφῆς δὲ πολλῆς καὶ καθαρᾶς τῆς ἐκ τῶν παλαιῶν γραμμάτων, εἶτα ἀθρόως πάντων δεηθείη, ἆρα ὑμῖν μικρᾶς δεῖσθαι βοηθείας δοκεῖ, ἢ μικρῶν αὐτῷ γεγονέναι ἄξιος ὁ πρὸς ταῦτα συλλαμβανόμενος; καὶ τυχὸν οὐ χρὴ πειρᾶσθαι χάριν ἀποτίνειν αὐτῷ τῆς προθυμίας καὶ τῶν ἔργων; Ἀλλὰ μή ποτε τὸν Θαλῆν ἐκεῖνον, τῶν σοφῶν τὸ κεφάλαιον, οὗ τὰ ἐπαινούμενα ἀκηκόαμεν; ἐρομένου γάρ τινος, ὑπὲρ ὧν ἔμαθεν ὁπόσον τινὰ χρὴ καταβαλεῖν μισθόν· »ὁμολογῶν«, ἔφη, »τὸ παρ' ἡμῶν μαθεῖν τὴν ἀξίαν ἡμῖν ἐκτίσεις.« Οὐκοῦν καὶ ὅστις διδάσκαλος μὲν αὐτὸς οὐ γέγονε, πρὸς τὸ μαθεῖν δὲ καὶ ὁτιοῦν συνηνέγκατο, ἀδικοῖτ' ἄν, εἰ μὴ τυγχάνοι τῆς χάριτος καὶ τῆς ἐπὶ τοῖς δοθεῖσιν ὁμολογίας, ἣν δὴ καὶ ὁ σοφὸς ἀπαιτῶν φαίνεται. Εἶεν· ἀλλὰ τοῦτο μὲν χαρίεν καὶ σεμνὸν τὸ δῶρον, χρυσίον δὲ καὶ ἀργύριον οὐδὲ ἐδεόμην ἐγὼ λαβεῖν οὐδὲ ὑμᾶς δὴ ὑπὲρ τούτων ἡδέως ἂν ὀχλήσαιμι.

17 Λόγον δὲ ὑμῖν εἰπεῖν ἐθέλω μάλα δή τινος ὑμῖν ἀκοῆς ἄξιον, εἰ μὴ τυγχάνετε ἀπειρηκότες πρὸς τὸ μῆκος τῆς ἀδολεσχίας· τυχὸν γὰρ οὐδὲ τῶν ῥηθέντων ἀκροᾶσθε ξὺν ἡδονῇ ἅτε ἀνδρὸς ἰδιώτου καὶ σφόδρα ἀμαθοῦς λόγων, πλάττειν μὲν οὐδὲν οὐδὲ τεχνάζειν εἰδότος, φράζοντος δὲ ὅπως ἂν ἐπίῃ τἀληθές· ὁ δὲ δὴ λόγος σχεδόν τι περὶ τῶν παρόντων ἐστί. Φήσουσι γὰρ οἶμαι πολ-

Und nun stelle man sich jemanden vor, der literarische Studien aller Art betreibt – er ist noch jung und benötigt daher zahlreiche Führer und reichliche gesunde Nahrung aus den alten Schriften, [125D] und er steht auf einmal ganz ohne sie da! Was denkt ihr – braucht er da nur ein wenig Hilfe? Und ist er nur zu einer geringen Gegengabe verpflichtet der Person gegenüber, die ihm diese Hilfe gewährt hat?[85] Und muss er vielleicht gar keinen Versuch machen zu einer Gegengabe für die bereitwillige und tatkräftige Hilfe? Wird er etwa jenen Thales nachahmen wollen, den Ersten der Weisen, mit seiner Antwort, die wir alle gehört haben und die so gelobt wird? Als ihn nämlich jemand fragte, welchen Lohn er ihm für all das bezahlen müsse, [126] was er bei ihm gelernt habe, antwortete Thales: »Wenn du allgemein zeigst, was du bei mir gelernt hast, dann hast du mir würdigen Lohn gezahlt.« So ist es auch, wenn jemand nicht selbst ein Lehrer war, aber dazu verholfen hat, dass ein anderer etwas lernte – dem würde man doch Unrecht tun, wenn er keine Dankbarkeit erführe und eine Anerkennung seiner Gabe, wie es anscheinend selbst der Weise eingefordert hat. Nun gut. Doch dieses Geschenk von ihr war willkommen und würdig zugleich. [126B] Gold und Silber habe ich ja nie erbeten, noch würde ich euch mit dergleichen gerne belästigen.

17 Ich möchte euch aber eine Geschichte erzählen, die es wert ist, dass ihr sie hört – wenn ihr nicht schon am Einschlafen seid bei der Länge meiner Plaudereien. Es mag ja durchaus sein, dass ihr nicht begeistert wart von dem bisher Gesagten, vorgebracht von jemand, der ein Laie ist und überhaupt keine rhetorischen Kenntnisse hat, nichts weiß vom Aufbau einer Rede und den dazu gehörigen Kunstmitteln, sondern einfach so, wie es ihm gerade einfällt, die Wahrheit sagt.[86] Und meine Rede ist dazu noch großenteils in der Gegenwart angesiedelt.[87] Es werden nun aber, glaube ich, viele, verleitet von unseren gepriesenen Sophisten,[88] sagen, [126C] ich hätte nur

---

kommt wieder auf das schon zu Anfang behandelte Thema der Dankbarkeit zurück.

85 Julian will hier offenbar den Eindruck erwecken, er habe an eine Fortsetzung seiner Existenz als Philosophenschüler gedacht.

86 Ein rhetorischer Topos, auf den auch der in Rhetorik geschulte Julian nicht verzichtet, vgl. den Anfang der ersten Rede auf Constantius (*Or.* 1). Pointiert setzt er an den Schluss seines Satzes die Wahrheit.

87 D.h. weniger attraktiv als wundersame Geschichten, wie sie zum Repertoire von Rednern gehörten, z.B. die Heldentaten mythischer Herrschergestalten, wie Semiramis. Julian will im Folgenden in kursorischer Form zeigen, dass auch er dieses Repertoire beherrscht.

88 Die Redelehrer, die ihren Unterricht streng nach den Regeln der Rheto-

λοὶ παρὰ τῶν μακαρίων σοφιστῶν ἀναπειθόμενοι, ὅτι ἄρα μικρὰ καὶ φαῦλα πράγματα ἀναδεξάμενος ὡς δή τι σεμνὸν ὑμῖν ἀπαγγέλλω· τοῦτο δὲ οὐ φιλονεικοῦντες πρὸς τοὺς ἐμοὺς λόγους οὐδὲ ἐμὲ τῆς ἐπ' αὐτοῖς ἀφαιρεῖσθαι δόξης ἐθέλοντες ἴσως ἂν εἴποιεν· ἴσασι γὰρ σαφῶς ὅτι μήτε ἀντίτεχνος εἶναι βούλομαι τοῖς ἐκείνων λόγοις τοὺς ἐμαυτοῦ παρατιθείς, μήτε ἄλλως ἀπεχθάνεσθαι ἐκείνοις ἐθέλω· ἀλλὰ οὐκ οἶδα ὅντινα τρόπον τοῦ μεγάλα λέγειν ἐκ παντὸς ὀρεγόμενοι χαλεπῶς ἔχουσι πρὸς τοὺς μὴ τἀκείνων ζηλοῦντας καὶ δι' αἰτίας ἄγουσιν ὡς καθαιροῦντας τὴν τῶν λόγων ἰσχύν. Μόνα γὰρ εἶναι τῶν ἔργων ζηλωτά φασι καὶ σπουδῆς ἄξια καὶ πολλῶν ἐπαίνων, ὁπόσα διὰ μέγεθος ἤδη τισὶν ἄπιστα ἐφάνη, ὁποῖα δή τινα τὰ περὶ τῆς Ἀσσυρίας ἐκείνης γυναικός, ἣ μεταβαλοῦσα καθάπερ ῥεῖθρον εὐτελὲς τὸν διὰ τῆς Βαβυλῶνος ποταμὸν ῥέοντα, βασίλειά τε ᾠκοδόμησεν ὑπὸ γῆς πάγκαλα καὶ μεθῆκεν ὑπὲρ τῶν χωμάτων αὖθις· ὑπὲρ γὰρ δὴ ταύτης πολὺς μὲν λόγος, ὡς ἐναυμάχει ναυσὶ τρισχιλίαις, καὶ πεζῇ παρετάττετο μυριάδας ὁπλιτῶν τριακοσίας ἄγουσα, τό τε ἐν Βαβυλῶνι τεῖχος ᾠκοδόμει πεντακοσίων σταδίων μικρὸν ἀποδέον, καὶ τὰ περὶ τὴν πόλιν ὀρύγματα καὶ ἄλλα πολυτελῆ καὶ δαπανηρὰ κατασκευάσματα ἐκείνης ἔργα γενέσθαι λέγουσι. Νίτωκρις δὲ ταύτης νεωτέρα καὶ Ῥοδογούνη καὶ Τώμυρις καὶ μυρίος δή τις ἐπιρρεῖ γυναικῶν ὄχλος ἀνδριζομένων οὐ λίαν εὐπρεπῶς. Τινὰς δὲ ἤδη διὰ τὸ κάλλος περιβλέπτους καὶ ὀνομαστὰς γενομένας οὐ σφόδρα εὐτυχῶς, ἐπειδὴ

Nebensächliches und Triviales aufgelesen und euch dies als etwas wunder wie Großartiges vorgetragen. Das sagen sie vielleicht, doch nicht weil sie in Wettbewerb treten wollen mit meinen Reden, oder weil sie mich um den Ruhm bringen wollten, den diese mir eintragen könnten. Es ist ihnen ja ganz klar, dass ich nicht als ihr Rivale auftreten will, indem ich ihren Reden die meinen gegenüberstelle, noch dass ich mir irgendwie ihre Feindschaft zuziehen will. Sie wollen ja, aus welchem Grund auch immer, unbedingt erhabene Themen behandeln und sind schlecht zu sprechen auf andere Redner, die nicht diesem Ziel nachstreben. Die werden von ihnen beschuldigt, sie würden die Redekunst um ihre kraftvolle Wirkung bringen. [126D] Nur solche Taten seien ja, meinen sie, der Bewunderung und einer ernsthaften Behandlung wert und fänden vielfaches Lob, die so großartig sind, dass manche sie sogar ins Reich der Fabel verweisen: wie zum Beispiel die berühmte Frau in Assyrien[89], die, als wäre er ein unbedeutendes Bächlein, den Fluss, der durch Babylon fließt, umleitete, unter der Erde einen wunderbaren Palast erbaute [127] und den Fluss dann wieder zurückführte, zwischen den Dämmen, die sie erbaut hatte. Über sie erzählte man viele Geschichten, wie sie in einer Seeschlacht kämpfte mit 3000 Schiffen, und zu Land zog sie ins Feld mit 3 Millionen Schwerbewaffneten. Und in Babylon erbaute sie eine Mauer, fast 50 Stadien lang und den Graben um die Stadt herum, und noch andere prachtvolle und aufwendige Bauten waren, so heißt es, ihr Werk. [127B] Nitokris, die nach ihr kam, und Rhodogune und Tomyris[90] – ja ein Riesenschwarm von Frauen strömt da herbei, die wie Männer auftraten, und zwar nicht gerade wohlanständig. Einige von ihnen waren bewundert und berühmt wegen ihrer Schönheit, was ihnen aber kein Glück brachte, denn sie wurden

---

rik ausrichteten und oft der Spontaneität keinen Raum ließen. Mit leichter Ironie auch erwähnt in *Or.* 2,78B-D.

89 Als eines der sieben Weltwunder galten die Mauern von Babylon, die der assyrischen Königin Semiramis zugeschrieben wurden (um 800 v. Chr.), vgl. Herodot 1,178ff; 184, von Julian auch erwähnt in *Or.* 2,83C. Sie erbaute Dämme gegen die Überschwemmungen durch den Euphrat. Vgl. K. Brodersen, *Die sieben Weltwunder. Legendäre Kunst- und Bauwerke der Antike*. München [7]2007, S. 35-46.

90 Nitokris: Königin von Babylon, der man große Bauten dort zuschrieb, vgl. Herodot 1,185-187. Ihr Grabmal erwähnt Julian in der zweiten Rede auf Constantius *Or.* 2, 85CD. Rhodogune Name mehrerer Perserfürstinnen, hier wohl eine Königin, die wie Semiramis Heerführerin war. Tomyris, Königin der Massageten, südöstlich des Aralsees, um 530 v. Chr., kämpfte gegen den Perserkönig Kyros, der in ihr Land eingefallen war und bei diesen Kämpfen den Tod fand. Vgl. Herodot 1,201-214.

ταραχῆς αἴτιαι καὶ πολέμων μακρῶν ἔθνεσι μυρίοις καὶ ἀνδράσιν, ὅσους ἦν εἰκὸς ἐκ τοσαύτης χώρας ἀθροίζεσθαι, γενέσθαι δοκοῦσιν, ὡς μεγάλων αἰτίας ὑμνοῦσι πράξεων. Ὅστις δὲ τοιοῦτον οὐδὲν εἰπεῖν ἔχει, καταγέλαστος εἶναι δοκεῖ, ἅτε οὐκ ἐκπλήττειν οὐδὲ θαυματοποιεῖν ἐν τοῖς λόγοις σφόδρα ἐπιχειρῶν. Βούλεσθε οὖν ἐπανερωτῶμεν αὐτοὺς εἴ τις αὐτῶν γαμετὴν ἢ θυγατέρα οἱ τοιαύτην εὔχεται γενέσθαι μᾶλλον ἢ τὴν Πηνελόπην; Καίτοι ἐπὶ ταύτης οὐδὲν Ὅμηρος εἰπεῖν ἔσχε πλέον τῆς σωφροσύνης καὶ τῆς φιλανδρίας καὶ τῆς ἐς τὸν ἑκυρὸν ἐπιμελείας καὶ τὸν παῖδα· ἔμελε δὲ ἄρα οὐδὲ τῶν ἀγρῶν ἐκείνῃ οὔτε τῶν ποιμνίων· στρατηγίαν δὲ ἢ δημηγορίαν οὐδὲ ὄναρ ‹εἰκὸς› ἐκείνῃ παραστῆναί ποτε· ἀλλὰ καὶ ὁπότε λέγειν ἐχρῆν εἰς τὰ μειράκια,

Ἄντα παρειάων σχομένη λιπαρὰ κρήδεμνα,

πρᾴως ἐφθέγγετο. Καὶ οὐκ ἀπορῶν Ὅμηρος οἶμαι τηλικούτων ἔργων οὐδὲ ὀνομαστῶν ἐπ᾽ αὐτοῖς γυναικῶν, ταύτην ὕμνησε διαφερόντως· ἐξῆν γοῦν αὐτῷ τὴν τῆς Ἀμαζόνος φιλοτίμως πάνυ στρατείαν διηγησαμένῳ τὴν ποίησιν ἅπασαν ἐμπλῆσαι τοιούτων διηγημάτων τέρπειν εὖ μάλα καὶ ψυχαγωγεῖν δυναμένων. Οὐ γὰρ δὴ τείχους μὲν αἵρεσιν, καὶ πολιορκίαν καὶ τρόπον τινὰ ναυμαχίαν εἶναι δοκοῦσαν, τὸν πρὸς τοῖς νεωρίοις πόλεμον, ἀνδρός τε ἐπ᾽ αὐτῇ καὶ ποταμοῦ μάχην ἐπεισάγειν οἴκοθεν διενοεῖτο τῇ ποιήσει

zur Ursache von Aufruhr und großen Kriegen unter zahllosen Völkern und so viel Männern, wie man vermutlich damals aus solchen Ländern zusammenbrachte.[91] Und diese nun werden von den Rednern gepriesen als Quelle für großartige Taten. Ein Redner aber, der nichts dergleichen zu erzählen hat, scheint lächerlich, [127C] denn er macht keine besondere Anstrengung, seine Zuhörer zum Staunen zu bringen oder eine Wunderwelt in seine Reden einzuführen. Wollen wir aber nun diese Redner einmal befragen, ob einer von ihnen gerne so eine Frau oder Tochter hätte – lieber als eine Penelope? Doch selbst über die hat Homer nichts weiter zu erzählen als von ihrer Sittsamkeit und ihrer Liebe zu ihrem Gatten und der Sorge für ihren Schwiegervater und ihren Sohn. Sie kümmert sich offensichtlich nicht um die Felder oder das Vieh. Ein Heer zu führen oder auf einer Volksversammlung zu reden, das wäre ihr wohl nicht einmal im Traum eingefallen. [127D] Und selbst als sie genötigt war, vor den jungen Freiern zu sprechen,

zog [sie] sich vor ihre Wangen sodann den schimmernden Schleier,[92]

und sie sprach in mildem Ton. Und es war ja nicht so, dass Homer keine heroischen Taten als Stoff gehabt hätte, oder Frauen, die dafür berühmt gewesen waren, dass er Penelope so preisen musste. Er hätte sich zum Beispiel den Feldzug der Amazone ausführlich vornehmen können[93] und all seine Dichtung anfüllen mit Geschichten dieser Art, die den Hörern viel Freude machen und sie in ihren Bann ziehen. [128] Und Szenen wie die Erstürmung der Mauer, die einer Belagerung und in gewisser Weise einer Seeschlacht gleicht – ich meine den Kampf um die Schiffe – und dann den Kampf des einen Mannes mit dem Fluss[94] – das bringt er in seine Dichtung nicht im Bestreben,

---

91 Außer der schönen Helena und dem ihretwegen geführten Trojanischen Krieg ist an den Anfang von Herodots Geschichtswerk zu denken. Er gibt Meinungen an, nach denen die Feindschaft zwischen Asien und Europa in gegenseitigen Frauenrauben ihren Anfang genommen hätte (1, 1-5).

92 *Od.* 1,334; 18,210.

93 Die Amazonenkönigin Penthesilea, die nach Hektors Tod den Trojanern zu Hilfe kam und von Achilleus getötet wurde, der sich in die Tote verliebte. Vgl. das Drama von Kleist. In der *Aithiopis* beschrieben, einem der nur fragmentarisch überlieferten sog. kyklischen Epen, die den *Kyklos*, den gesamten troischen Sagenkreis umfassten. Vgl. Apollod. *Epit.*5,1.

94 12.,13. und 15. Gesang der *Ilias*: Kampf um die Mauer und um die Schiffe. 21. Gesang: Achilleus im Kampf gegen den Flussgott Skamandros. Vgl. hierzu Julians *Or.*2,55BC; 60C-61C, dem Lobpreis auf Constantius.

καινόν τι λέγειν ἐπιθυμῶν, τοῦτο δέ, εἴπερ ἦν, ὥσπερ οὖν φασι, σεμνότατον, ὀλιγώρως οὕτω παρέλιπε.

Τί ποτε οὖν ἄν τις αἴτιον λέγοι τοῦ 'κείνην μὲν ἐπαινεῖν προθύμως, τούτων δὲ <οὐδ'> ἐπὶ σμικρὸν μνημονεύειν; ὅτι διὰ μὲν τὴν ἐκείνης ἀρετὴν καὶ σωφροσύνην πολλά τε ἰδίᾳ τοῖς ἀνθρώποις καὶ εἰς τὸ κοινὸν ἀγαθὰ συμβαίνει, ἐκ δὲ δὴ τῆς τούτων φιλοτιμίας ὄφελος μὲν οὐδὲ ἕν, συμφοραὶ δὲ ἀνήκεστοι· ἅτε δὴ οὖν οἶμαι σοφὸς καὶ θεῖος ποιητὴς ταύτην ἔκρινεν ἀμείνω καὶ δικαιοτέραν τὴν εὐφημίαν. Ἆρ' οὖν ἔτι προσῆκεν εὐλαβηθῆναι τοσοῦτον ἡγεμόνα ποιουμένοις, μή τις ἄρα μικροὺς ὑπολάβῃ καὶ φαύλους;

18 Ἐγὼ δὲ ὑμῖν καὶ τὸν γενναῖον ἐκεῖνον ῥήτορα Περικλέα τὸν πάνυ, τὸν Ὀλύμπιον, μάρτυρα ἀγαθὸν ἤδη παρέξομαι· κολάκων γὰρ δή, φασί, ποτὲ τὸν ἄνδρα περιεστὼς δῆμος διελάγχανον τοὺς ἐπαίνους, ὁ μὲν ὅτι τὴν Σάμον ἐξεῖλεν, ἄλλος δὲ ὅτι τὴν Εὔβοιαν, τινὲς δὲ ἤδη τὸ περιπλεῦσαι τὴν Πελοπόννησον, ἦσαν δὲ οἳ τῶν ψηφισμάτων μεμνημένοι, τινὲς δὲ τῆς πρὸς τὸν Κίμωνα φιλοτιμίας, σφόδρα ἀγαθὸν πολίτην καὶ στρατηγὸν εἶναι δόξαντα γενναῖον. Ὁ δὲ τούτοις μὲν οὐδὲ ἀχθόμενος οὔτε γανύμενος δῆλος ἦν, ἐκεῖνο δὲ ἠξίου τῶν αὑτῷ πεπολιτευμένων ἐπαινεῖν, ὅτι τοσοῦτον ἐπιτροπεύσας τὸν Ἀθηναίων δῆμον οὐδενὶ θανάτου γέγονεν αἴτιος,

von sich aus etwas ganz Neues hinzuzufügen. Wenn der erwähnte Kampf auch, wie man nun sagt, etwas besonders Spektakuläres hat, so geht Homer doch ohne weiteres darüber hinweg.

Was kann nun jemand für einen Grund angeben, dass Homer Penelope so eifrig lobt und die anderen berühmten Frauen so gut wie gar nicht erwähnt?[95] Weil Tugend, wie sie sie hat, und kluge Besonnenheit sowohl für einzelne Menschen wie auch für das Allgemeinwohl viel Segen gebracht haben, [128B] während aus dem Ehrgeiz der anderen keinerlei Nutzen entstand, sondern heilloses Unglück. Und so entschied er, der, wie ich meine, weise und göttlich inspirierte Poet, es sei besser und eher recht und billig, Penelope zu preisen. Und wenn ich mir einen solchen Mann zum Führer genommen habe – wie sollte ich da Angst haben müssen, dass jemand meine Reden für trivial und wertlos hält?

18 [128C] Ich bringe euch nun einen trefflichen Zeugen: einen glänzenden Redner, den großen Perikles, der Olympier genannt. Von ihm wird Folgendes erzählt: Es umringte ihn einmal eine ganze Schar von Schmeichlern, die sein Lob unter sich aufgeteilt hatten.[96] Der eine berichtete, wie Perikles Samos eingenommen, ein anderer, wie er Euböa zurückerobert hatte, wieder einer, wie er rund um die Peloponnes gesegelt war. Dann gab es welche, die an seine Gesetze erinnerten, oder an seine Rivalität mit Kimon, der doch auch als ein hervorragender Bürger und trefflicher Feldherr galt.[97] [128D] Perikles aber zeigte dazu keinerlei Zeichen von Ablehnung oder Zustimmung. Es gab jedoch eines, wofür er das Lob seiner Mitbürger beanspruchte: dass nämlich in der langen Zeit, in der er die Geschicke der Athener gelenkt habe, er am Tod von keinem von ihnen schuldig ge-

---

Julian vergleicht hier Constantius' Sieg über seinen Widersacher Magnentius in der Schlacht von Mursa an der Drau (351) mit Achills Kampf.

95 Im Unterweltsbuch *Od.* 11, 225-329 werden bekannte Frauen des Mythos, wie Alkmene, Leda und Ariadne kurz genannt (sog. Frauenkatalog).

96 Ähnlich bei Plutarch, *Perikles* 38: Er lag auf seinem Sterbebett und hörte, was über ihn gesagt wurde. Vgl. auch Plut. *Mor.* 186D: Als er dem Tod nahe war, pries er sich deshalb glücklich, dass kein Athener um seinetwillen ein Trauerkleid angelegt habe.

97 Das Perikleische Zeitalter 443-429. Samos und Euböa waren vom Attischen Seebund abgefallen. Kimon, um 510-449 v. Chr., ein populärer Politiker in Athen, politischer Gegner des Perikles, hatte 466 einen bedeutenden Sieg über die Perser errungen, bemühte sich um eine Verständigung mit Sparta, musste deswegen aber 461 in die Verbannung gehen. Seitdem bestimmte Perikles die athenische Politik und baute den Attischen Seebund zu einem Machtsystem Athens aus.

οὐδὲ ἱμάτιον μέλαν τῶν πολιτῶν τις περιβαλόμενος Περι‹κλέα› γενέσθαι ταύτης αἴτιον αὐτῷ τῆς συμφορᾶς ἔφη.

Ἄλλου του, πρὸς φιλίου Διός, δοκοῦμεν ὑμῖν μάρτυρος δεῖσθαι, ὅτι μέγιστον ἀρετῆς σημεῖον καὶ πάντων μάλιστα ἐπαίνων ἄξιον τὸ μηδένα κτεῖναι τῶν πολιτῶν μηδὲ ἀφελέσθαι τὰ χρήματα μηδὲ ἀδίκῳ φυγῇ περιβαλεῖν; Ὅστις δὲ πρὸς τὰς τοιαύτας συμφορὰς αὐτὸν ἀντιτάξας, καθάπερ ἰατρὸς γενναῖος οὐδαμῶς ἀποχρῆν ὑπέλαβεν αὐτῷ τὸ μηδενὶ νοσήματος αἰτίῳ γενέσθαι, ἀλλὰ εἰ μὴ πάντα εἰς δύναμιν ἰῷτο καὶ θεραπεύοι, οὐδὲν ἄξιον τῆς αὐτοῦ τέχνης ἔργον ὑπέλαβεν, ἆρα ὑμῖν δοκεῖ τῶν ἴσων ἐπαίνων ἐν δίκῃ τυγχάνειν; καὶ οὐδὲν προτιμήσομεν οὔτε τὸν τρόπον οὔτε τὴν δύναμιν, ὑφ' ἧς ἔξεστι μὲν αὐτῇ δρᾶν ὅ τι ἂν ἐθέλῃ, θέλει δὲ ἅπασι τἀγαθά; τοῦτο ἐγὼ κεφάλαιον τοῦ παντὸς ἐπαίνου ποιοῦμαι, οὐκ ἀπορῶν ἄλλων θαυμασίων εἶναι δοκούντων καὶ λαμπρῶν διηγημάτων. 19 Εἰ γὰρ δή τις τὴν περὶ τῶν ἄλλων σιωπὴν ὑποπτεύσειεν ὡς ματαίαν οὖσαν προσποίησιν καὶ ἀλαζονείαν κενὴν καὶ αὐθάδη, οὔτι που καὶ τὴν ἔναγχος ἐπιδημίαν γενομένην αὐτῇ, τὴν εἰς τὴν Ῥώμην, ὁπότε ἐστρατεύετο βασιλεὺς ζεύγμασι καὶ ναυσὶ τὸν Ῥῆνον διαβὰς ἀγχοῦ τῶν Γαλατίας ὁρίων, ψευδῆ καὶ πεπλασμένην ἄλλως ὑποπτεύσει. Ἐξῆν δὴ οὖν, ὡς εἰκός, διηγουμένῳ ταῦτα τοῦ δήμου μεμνῆσθαι καὶ τῆς γερουσίας, ὅπως αὐτὴν ὑπεδέχετο σὺν χαρμονῇ, προθύμως ὑπαντῶντες καὶ δεξιούμενοι καθάπερ νόμος βασιλίδα, καὶ τῶν ἀναλωμάτων τὸ μέγεθος, ὡς ἐλευθέριον καὶ μεγαλοπρεπές, καὶ τῆς παρασκευῆς τὴν πολυτέλειαν, ὁπόσα τε ἔνειμε τῶν φυλῶν τοῖς ἐπιστάταις καὶ ἑκατοντάρχαις τοῦ πλήθους

wesen sei. Und kein Bürger habe, wenn er schwarze Kleidung anlegte, jemals gesagt, Perikles sei der Grund für sein Unglück gewesen.

Nun, bei Zeus, dem wohlwollend Gesinnten – brauche ich, was meint ihr, noch einen weiteren Zeugen dafür: Der größte Beweis für Tugend [129] und lobwürdig vor allem ist es doch, den Tod keines Bürgers verschuldet zu haben, keinen seines Vermögens beraubt oder ihn unschuldig in die Verbannung getrieben zu haben! Wer sich aber gegen solche Unglücksfälle zum Kampf aufstellt – so wie ein tüchtiger Arzt überzeugt ist, es sei für ihn keineswegs genug, wenn er nicht schuld daran ist, dass sich jemand eine Krankheit zuzieht, der vielmehr alles tut, um zu heilen und vorzubeugen, sonst meint er, er habe seiner Kunst mit seinem Tun nicht Genüge getan – scheint euch jemand dieser Art mit Recht [nur] das gleiche Lob [wie Perikles] zu verdienen?[98] [129B] Ja sollten wir nicht ihren Charakter noch höher schätzen und dazu ihre Tatkraft, die sie befähigt, das durchzusetzen, was sie will – was sie will, ist ja das Beste für alle! Hiermit setze ich den Höhe- und Schlusspunkt für meinen gesamten Lobpreis, obwohl ich noch anderes zu erzählen hätte, was man so allgemein für bewundernswert und spektakulär hält. Vielleicht will mich aber jemand kritisieren und meint, dass ich alles Weitere schweigend übergehen will, das sei nichts als Affektiertheit und leere, selbstgefällige Anmaßung.[99] Wie steht es aber hiermit, nämlich mit der Reise, die die Kaiserin kürzlich nach Rom antrat,[100] während der Kaiser auf seinem Feldzug [129C] den Rhein überschritt, auf Schiffsbrücken nahe den Grenzen zu Gallien. Ist das eine falsche und erdichtete Geschichte? Es wäre mir natürlich möglich gewesen, diesen Besuch ausführlich in Erinnerung zu rufen: wie das Volk und der Senat sie mit Begeisterung willkommen hießen, ihr mit Ehrenbezeigungen entgegenzogen und ihr einen Empfang bereiteten, wie er einer Kaiserin gebührt.[101] Und ich hätte die Höhe der Aufwendungen, wie großzügig und prachtvoll alles war, und die Kosten der Vorbereitungen vorrechnen können sowie die Summen, die sie an die Vorsteher der Bürgerabteilungen und an die Centurionen des

98 Eusebia und Perikles vgl. 114C, S. 43, mit Fußn. 40 mit Fußn. 40.

99 Der allzu häufige Gebrauch der *praeteritio*, des Übergehens, kann zu der Vermutung führen, der Redner habe in Wahrheit nichts mehr zu sagen.

100 356, sie weilte ein zweites Mal 357 in Rom, in Begleitung ihres Gatten, dessen aufsehenerregenden Rombesuch Ammian ausführlich schildert (16,10). Auch Helena war damals in Rom, vgl. Amm. 16,10.18f.

101 Der *Adventus*, die Ankunft beim Besuch eines Kaisers oder einer Person aus dem Herrscherhaus war zeremoniell genau geregelt, mit Aufmärschen und Begrüßungsreden und den darauf folgenden Gunstbeweisen.

ἀπαριθμήσασθαι. Ἀλλὰ ἔμοιγε τῶν τοιούτων οὔτε ἔδοξέ ποτε ζηλωτὸν οὐδέν, οὔτε ἐπαινεῖν ἐθέλω πρὸ τῆς ἀρετῆς τὸν πλοῦτον· καίτοι <με> οὐ λέληθεν ἡ τῶν χρημάτων ἐλευθέριος δαπάνη μετέχουσά τινος ἀρετῆς. Ἀλλὰ οἶμαι κρεῖττον ἐπιείκειαν καὶ σωφροσύνην καὶ φρόνησιν καὶ ὅσα δὴ ἄλλα περὶ αὐτῆς λέγων πολλοὺς μὲν καὶ ἄλλους, ἀτὰρ δὴ καὶ ἐμαυτὸν ὑμῖν καὶ τὰ ἐπ' ἐμοὶ πραχθέντα παρεῖχον μάρτυρα· εἰ δὴ οὖν καὶ ἄλλοι τὴν ἐμὴν εὐγνωμοσύνην ζηλοῦν ἐπιχειρήσειαν, πολλοὺς ἔχει τε ἤδη καὶ ἕξει τοὺς ἐπαινέτας.

Volkes[102] ausgeteilt hat. [129D] Doch für mich scheinen Dinge dieser Art niemals so bewundernswert, noch will ich den Reichtum eher preisen als die Tugend. Freilich ist es mir schon klar, dass freigebiges Spenden von Geld auch Anteil an der Tugend hat. Höher stehen für mich aber Güte, Mäßigung und Einsicht und all die anderen Vorzüge, die ich an ihr beschrieben habe. Dafür kann ich euch noch viele andere als Zeugen bringen, [130] vor allem aber mich selbst und das, was sie für mich getan hat. Wenn sich nun noch andere aufmachen, um mir in meiner dankbaren Gesinnung nachzueifern, dann wird sie jetzt und später noch viele Lobredner haben.

102 Diese hatten die Anweisungen für Geld- und Getreidespenden entgegenzunehmen.

Anhang

Parallelzeugnisse in Auszügen

"Unser allergnädigster Kaiser war mir gegenüber fast seit meiner frühen Kindheit wohlwollend gesinnt."[1] Den Äußerungen von political correctness in den offiziellen Reden Julians stehen persönliche Aussagen gegenüber, die die Ereignisse in einem anderen Licht erscheinen lassen.

Julian schickte nach seiner Erhebung in Paris, als er sich auf dem Marsch gegen Constantius befand, Sendschreiben an verschiedene Städte, in denen er sein Vorgehen zu erklären und zu rechtfertigen suchte. Die Empfänger waren Rom, Sparta, Korinth und Athen. Nur der Brief an die Athener hat sich erhalten. Julian schildert darin sein Verhältnis zu Constantius, die Behandlung, die er erfuhr, das Schicksal seines Bruders Gallus und den Beistand der Kaiserin Eusebia. Fern von der Schlangengrube des Hofes kann er seinem Herzen Luft machen und rechnet damit, dass die Athener, in denen noch ein Funke ihrer ehemaligen Größe erhalten sei, ihn verstehen werden. Sie stehen ja auch immer noch unter der Schirmherrschaft der weisesten aller Gottheiten, Athene.

1. Julian: Sendschreiben an die Athener (270C–277D, Auszug)

[270C] Ich will zuerst beginnen mit meinen Ahnen. Von Vaters Seite her habe ich die gleiche Abstammung wie Constantius von seines Vaters Seite her, das ist klar. Unsere Väter waren Brüder, Söhne des gleichen Vaters [Konstantin]. So nahe Verwandte waren wir, und wie hat der äußerst menschenfreundliche Kaiser uns behandelt! Sechs meiner Vettern und seiner, meinen Vater, der sein Onkel war, und einen anderen Onkel von uns beiden von Vaters Seite, [270D] und meinen ältesten Bruder brachte er ohne ein Gerichtsurteil zu Tode. Und mich und meinen anderen Bruder [Gallus] wollte er auch umbringen, verhängte aber schließlich die Verbannung über uns.[2] Aus dem Exil befreite er mich, meinen Bruder aber entkleidete er seines Titels eines Caesars, kurz bevor er ihn ermordete. Doch was soll ich nun, wie in einer Tragödie, »all diese unnennbaren Gräuel«[3] aufzählen? Es reute ihn ja, sagte man, [271] und er trüge schwer daran; er glaubte nämlich, sein unglücklicher Zustand der Kinderlosigkeit käme daher, und seine Misserfolge im Krieg gegen die Perser hin-

1 *Or.* 3,117D, hier S. 26.

2 Der Zwangsaufenthalt in Macellum in Kappadokien. Julian durfte sich danach zu einem Studienaufenthalt begeben, Gallus wurde zum Caesar (Juniorkaiser) für den Osten ernannt.

3 Die Mordtaten in der Familie der Atriden, Euripides, *Orest* 14.

gen auch damit zusammen, so nimmt er an. Das erzählten jedenfalls die Leute am Hof und diejenigen in der Umgebung meines verewigten Bruders, der nun zum ersten Mal mit diesem ehrenden Namen benannt wird. Denn nachdem er ihn wider Recht und Gesetz getötet hatte, ließ er ihn weder im Grabmal seiner Angehörigen bestatten noch gewährte er ihm ein frommes Andenken.

[271B] Wie gesagt, sie erzählten uns dergleichen und wollten uns davon überzeugen, dass Constantius einerseits einer Täuschung zufolge so gehandelt hatte, und dass er zum andern der Gewalt und dem Tumult einer undisziplinierten und aufständischen Meute von Soldaten gewichen sei. Mit solchen Geschichten suchten sie uns ruhigzustellen, dort auf dem Land in Kappadokien, wo wir abgeschlossen lebten – keiner durfte uns in die Nähe kommen, nachdem sie meinen Bruder aus seinem Verbannungsort geholt und mich von meinen Schulen weggezerrt hatten: Ich war ja noch ein Junge. [271C] Wie soll ich die sechs Jahre dort beschreiben? Wir lebten da wie auf fremdem Besitz, nicht anders als bei den Persern die in Festungen Internierten, niemand von außen hatte Zutritt zu uns, und keiner von unseren früheren Freunden durfte uns besuchen, so dass wir ausgeschlossen waren von jeglichem ernsthaften Studium, von jedem freien Gespräch, in einem goldenen Käfig; wir hielten unsere sportlichen Übungen mit unseren Sklaven ab, [271D] als wären sie unsere Kameraden, denn kein einziger von unseren Altersgenossen kam zu uns oder durfte uns besuchen.

Von diesem Ort kam ich endlich frei, durch die Hilfe der Götter, und zu einem glücklichen Los, mein Bruder aber geriet in die Unfreiheit am Hof, zu einem unglücklichen Schicksal, wie es keiner sonst jemals hatte. Denn wenn auch irgendeine Veranlagung zu Grausamkeit oder Härte in ihm war, so ist sie durch diese Art, wie er in den Bergen aufwuchs, noch verstärkt worden. Ich denke, es ist nur gerecht, dass der Kaiser auch hierfür die Schuld trägt, der uns zu diesem Zwangsaufenthalt verurteilt hat. Mich haben ja die Götter mit Hilfe der Philosophie rein und unbeschadet davonkommen lassen, [272] mein Bruder aber hatte keinen solchen Schutz. Denn als er geradewegs vom Land an den Hof gekommen war und Constantius ihn mit dem Purpurgewand bekleidet hatte, da begann dieser sogleich mit seiner Feindseligkeit gegen ihn,[4] und nicht zufrieden damit, ihm das Purpurkleid wieder ausgezogen zu haben, hörte er erst auf, als er ihn vernichtet hatte. Aber er hätte doch verdient gehabt zu leben, auch wenn er sich als ungeeignet für die Ausübung der Herrschaft erwiesen hatte. Doch es war nötig, heißt es, ihm auch das Leben zu nehmen. Ich will das zugestehen, aber nur unter der Bedingung, dass man ihm vorher erlaubt hätte, sich zu seiner Sache zu äußern, ein Recht, das jedem Verbrecher eingeräumt wird … [272B]. Wie aber, wenn mein Bruder in der Lage

4 Vgl. Ammian 14,7–11, der eindrücklich schildert, wie Gallus, in ein Netz von Täuschungen verstrickt, zu Tode gebracht wurde. Eine entscheidende Rolle spielte der nachher genannte Eunuch Eusebios, der ein Netzwerk von Geheimagenten und Spionen betrieb, die *agentes in rebus*, und am Tode vieler Unschuldiger schuld war. Er übte einen starken und verhängnisvollen Einfluss auf den Kaiser aus. Unter Julian wurde er vom Gericht von Chalkedon zum Tode verurteilt, vgl. Amm. 18,5; 22,4.12.

gewesen wäre, die Schuldigen an seinen Verfehlungen zu entlarven? [272C] Es waren ihm nämlich Briefe von bestimmten Personen eingehändigt worden und, beim Herkules, was für Anschuldigungen gegen ihn enthielten sie! Und in seinem Ärger darüber reagierte er unbeherrscht und in höchst unköniglicher Art, doch hat er nichts getan, weshalb er das Leben verlieren sollte. Wie denn? Ist es nicht ein allgemeines Gesetz bei allen Griechen und auch bei Barbaren, dass einer sich verteidigen kann gegen solche, die mit dem Unrecht angefangen haben? Vielleicht hat er sich wirklich mit zu großer Härte verteidigt, doch insgesamt nicht mehr als man erwarten konnte ... Es ging Constantius ja darum, einen Eunuchen zufriedenzustellen, seinen Oberhofkämmerer, der zugleich sein Chefkoch war, und ihn – seinen Vetter, den Caesar, den Gatten seiner Schwester, den Vater seiner Nichte, den Mann, dessen eigene Schwester er früher geheiratet hatte, mit dem ihn die unter dem Schutz der Götter stehende Blutsverwandtschaft verband – ihn gab er seinen ärgsten Feinden zur Tötung preis.

Mich ließ er endlich frei, nachdem er mich sieben ganze Monate lang hin und her zitiert und mich unter Bewachung gehalten hatte. [273] Und hätte nicht einer der Götter mich retten wollen und mir damals die schöne und edle Eusebia wohlwollend zur Seite gestellt, dann hätte ich seinen Händen nicht entkommen können. Dabei rufe ich die Götter zu Zeugen an, dass ich zu dem, was mein Bruder tat, nicht einmal im Traum irgendeine Verbindung hatte. Ich war ja nicht mit ihm zusammen, besuchte ihn auch nicht oder hielt mich in seiner Nähe auf, und ich schrieb ihm nur selten und dann über nebensächliche Dinge. [273B] Als ich nun von dort freikam, machte ich mich erleichtert auf die Heimreise, zu dem Anwesen, das meiner Mutter gehört hatte. Von meinen väterlichen Gütern gehörte mir nichts, und ich hatte aus all dem, was zu dem großen Besitz meines Vaters gehörte, auch nicht eine Erdscholle, keinen Sklaven, kein Haus. Denn der edle Constantius hatte an meiner Stelle mein väterliches Erbe ganz und gar in Besitz genommen und mir, wie gesagt, keine Erdkrume davon abgegeben.[5] Meinem Bruder hat er ein paar Dinge überlassen, die seinem Vater gehört hatten, er beraubte ihn aber der gesamten Erbschaft von seiner Mutter.

[273C] Wie er sich nun mir gegenüber verhielt, bevor er mir diesen erhabenen Titel [des Caesars] übertrug – in Wahrheit hat er mir eine höchst bittere und schwer drückende Sklaverei aufgeladen[6] – so habt ihr, wenn nicht alles, so doch das meiste davon gehört. Ich war wie gesagt auf der Reise nach Hause und schon so gut wie gerettet, da tauchte ein gewisser Sykophant auf, in der Nähe von Sirmium[7], der dort Gerüchte verbreitete, dass bestimmte Per-

5 In *Or.* 3,118 ist die Rede von einem Haus aus großmütterlichem Erbteil.

6 Julian meint die einengenden Bedingungen und Aufpasser, die ihm seine Arbeit in Gallien ungemein erschwerten.

7 Stadt in Illyricum auf dem Balkan. Sykophant: ein Verleumder, der gezielt andere in Misskredit brachte, oft ein bezahlter Angeber; hier ist Gaudentius gemeint, der zur Geheimpolizei gehörte, und auch Julian beschatten sollte. Silvanus, der im Auftrag des Constantius in Gallien germanische Invasoren bekämpfte, wurde durch Verleumder wie Dy-

sonen einen Aufstand planten ... [273D] Und als Constantius die Sache erfuhr und Dynamius, ein anderer Sykophant, plötzlich aus Gallien meldete, dass Silvanus davor stand, sich offen als sein Feind zu erklären,[8] da, in allgemeiner Furcht und Aufregung, sandte er nach mir und hieß mich für eine kurze Zeit in Griechenland meinen Aufenthalt zu nehmen. [274] Von dort rief er mich aber wieder zurück zu sich an den Hof.[9] Er hatte mich niemals zuvor gesehen außer einmal in Kappadokien und einmal in Italien, in einer Audienz, um die sich Eusebia mit Nachdruck bemüht hatte, so dass ich wegen meiner persönlichen Sicherheit zuversichtlich sein konnte. Und doch lebte ich sechs Monate in derselben Stadt wie er, und dabei hatte er versprochen, mich wieder zu sehen. Doch dieser gottverfluchte Eunuch, sein vertrauter Oberkämmerer, erwies sich, ohne es zu wissen und zu wollen, als mein Wohltäter. Er ließ mich nämlich nicht öfter mit dem Kaiser zusammentreffen, was dieser wohl auch selbst nicht wollte; [274B] von allem abgesehen hatte der Eunuch aber den Hauptgrund: Er fürchtete nämlich Folgendes: wenn wir öfter zusammenkämen, würde ich die Gunst des Kaisers genießen, und wenn ich mich als loyal erwiesen hätte, würde er mir eine wichtige Aufgabe übertragen.

Gleich von meiner Ankunft aus Griechenland an erzeigte mir Eusebia seligen Angedenkens sogleich ihr äußerstes Wohlwollen durch die Eunuchen ihrer Hofhaltung. Und wenig später, als der Kaiser zurückkehrte – denn der Aufstand des Silvanus war niedergeschlagen – [274C] da endlich wurde mir der Zutritt zum Hof gestattet und es wurde mir – um es mit einem Sprichwort zu sagen, die thessalische Zwangsüberredung zuteil.[10] Ich hatte jeden Verkehr mit den Hofbeamten strikt abgelehnt, aber nun kamen welche, die, als wären sie in einem Friseurladen, mir meinen Bart abschoren, mir dann ein feines Gewand anlegten und mich herausputzten zu einem, wie sie damals dachten, höchst lächerlichen Soldaten. [274D] Nichts von den Verschönerungen dieser elenden Kerle passte ja zu mir. Und ich ging nicht einher wie sie, stolz um mich her blickend, sondern die Augen zu Boden gerichtet, wie ich es gewohnt war und es gelernt hatte von meinem Lehrer, der mich aufgezogen hatte.[11] Damals nun gab ich ihnen Anlass zum Gelächter, kurz darauf zum Misstrauen, das sich dann zu Neid und Missgunst entflammen sollte.

---

namius, der mit gefälschten Briefen eine Intrige spann, am Hof zu Unrecht wegen Hochverrat verdächtigt. Vgl. Amm. 15,5; Julian *Or.* 1,48CD; *Or.*2,98CD, mit der offiziellen Diktion.

8 Silvanus sah keine andere Möglichkeit, um sich zu retten, als sich zum Kaiser auszurufen (11. Aug. 355 in Köln). Er wurde von seinen eigenen, dazu bestochenen Soldaten getötet. Vgl. Ammian 15,5.

9 Nach Mailand. Vom Frühjahr bis Oktober 355 war Julian in Athen. Er lebte in Mailand zuerst in einer Vorstadt, bevor er in den Palast umziehen durfte.

10 Vgl. S. 61 Fußn. 71.Vgl. auch *Misopogon* 352D. Dort sagt er, weder hätte Constantius ihm die Caesarwürde freiwillig übertragen, noch hätte er sie gerne angenommen, sondern lieber abgelehnt.

11 Sein Erzieher Mardonios, dem er im *Misopogon* ein treues Andenken widmet (351; 352).

Aber das kann ich nicht übergehen, wie ich mich überwinden musste, wie ich es auf mich genommen habe, unter einem Dach zu leben mit denen, die, wie ich wusste, meine ganze Familie vernichtet hatten [275] und die, wie ich vermutete, vor nicht langer Zeit auch mir das gleiche Schicksal bereiten wollten, wie zuvor schon meinem Bruder, den der Kaiser, der Gatte seiner Schwester, ohne Gerichtsurteil hatte hinrichten lassen. Was habe ich, als ich zurückbeordert wurde, für Ströme von Tränen vergossen, welche Klagen habe ich vorgebracht, wobei ich die Hände erhob zu eurer Akropolis und Athene anflehte, mich als ihren Schützling zu retten und mich nicht meinen Feinden preiszugeben! Viele von euch haben es gesehen und sind meine Zeugen, und vor allen anderen die Göttin selbst, dass ich mir lieber den Tod von ihrer Hand wünschte, hier in Athen, [275B] als mich auf diesen Weg zu machen. Und dass die Göttin ihren Schützling nicht im Stich ließ, das zeigte sie durch die Tat. Sie war ja überall meine Führerin und stellte um mich her Wächter auf und sandte mir Schutzgeister von Helios und Selene.[12]

Was dann geschah, war etwa Folgendes: In Mailand angekommen, wohnte ich in einer der Vorstädte. Dorthin schickte mir Eusebia des Öfteren Zeichen ihres Wohlwollens und forderte mich auf, ihr zu schreiben und ihr getrost mitzuteilen, wenn ich etwas nötig hätte. Daraufhin schrieb ich auch einen Brief an sie, [275C] eher eine Petition, mit beschwörenden Wünschen wie diesen: »O dass du Kinder hättest als Nachfolger! Möge die Gottheit dir dies verleihen, wenn du mich nur so bald wie möglich nach Hause zurücksendest!« Dann schien es mir aber doch nicht sicher zu sein, ein Schreiben in den Palast zu schicken, das an die Gattin des Kaisers gerichtet war. Des Nachts betete ich zu den Göttern, sie sollten mir offenbaren, ob es richtig sei, den Brief an die Kaiserin abzuschicken. Sie aber warnten mich, wenn ich ihn abschickte, drohe mir der schimpflichste Tod.[13] Ich rufe alle Götter zu Zeugen an, dass ich hier die Wahrheit schreibe. [276D] Daher unterließ ich es, den Brief abzusenden. Doch von jener Nacht an beschäftigte mich eine Überlegung, die vielleicht wert ist, dass auch ihr sie hört. »Nun« sagte ich zu mir, "plane ich, mich den Göttern zu widersetzen,[14] und ich habe mir vorgestellt, ich könnte besser wissen, was für mich richtig ist als sie, die alles wissen … [276B] Würdest du nicht auch ärgerlich werden, wenn eines der Tiere, die dir gehören, sich deinem Dienst verweigern oder davonlaufen würde, wenn du rufst, ob es nun ein Pferd ist, ein Schaf oder ein Kalb?[15] Und du, der du ein Mensch sein willst, und zwar nicht einer aus der Herde der Gewöhnlichen oder aus dem Abschaum des

---

12 Vgl. Julians Hymnus auf König Helios, *Or.* 4, 150A; 154D.

13 Vom Verdacht einer erotischen Annäherung abgesehen, hätte der Brief, der niemals ungeöffnet die Kaiserin erreicht hätte, auch in Hinblick auf eine hochverräterische Absicht gefälscht werden können, wie dies mehrfach geschah. Vgl. Amm. 15,5.

14 Julian war überzeugt, von den Göttern auserwählt zu sein, um ihren Kult wiederherzustellen. Vgl. den sog. Mustermythos *Or.* 7,227C–234C, s. M. Giebel (2016) S. 108f. und 123, der Hymnus an Helios.

15 Reminiszenz an Platon, *Phaidon* 62C: Sokrates sagt, man dürfe sich dem Willen der Götter nicht entziehen.

Volkes, sondern einer von denen, die Maß und Einsicht besitzen – du willst dich dem Willen der Götter entziehen und gestattest ihnen nicht, über dich so zu verfügen, wie sie es wollen? Hüte dich, dass du nicht nur eine Torheit begehst, sondern auch deinen Pflichten gegen die Götter nicht nachkommst. Wo ist dein Mut – lächerlich ist es, wie du dich verhältst. Du bist bereit, aus Angst vor dem Tod zu kriechen und zu schmeicheln, dabei könntest du alles von dir abtun und es den Göttern überlassen, nach ihrem Willen zu handeln und ihnen auch die Sorge um dich anzuvertrauen … « [277] Diese Überlegungen schienen mir nun nicht allein sicher, sie waren auch angemessen für einen halbwegs vernünftigen Menschen, da es auch die Götter so angezeigt hatten … Also gab ich nach und stimmte meiner Ernennung zum Caesar zu. Und sogleich wurden mir der Titel und das Gewand eines Caesars verliehen.[16] Die darauf folgende Knechtschaft und die Furcht für mein Leben, die Tag für Tag über mir hing – beim Herakles, wie groß war sie und wie vielfältig. [277B] Verschlossene Türen, Wächter davor, die Sklaven wurden untersucht, ob nicht einer mir ein Briefchen von meinen Freunden brachte, Fremde als Dienerschaft. Nur mit Mühe hatte ich durchsetzen können, dass ich zu meiner persönlichen Bedienung vier von meinen eigenen Leuten behielt, zwei ganz junge Burschen, zwei ältere, von denen nur einer von meinem Glauben an die Götter wusste und sie mit mir im Geheimen verehrte.[17] Meine Dokumente und Papiere hatte ich dem einzigen meiner vielen Gefährten und Freunde anvertraut, der mich auf Reisen begleiten durfte, ein Arzt, von dem niemand wusste, dass er ein enger Vertrauter von mir war. Soviel Anlass zu Furcht und Besorgnis gab es für mich, dass ich, obwohl mich viele Freunde besuchen wollten, mich ganz gegen meinen Willen weigerte, sie zu empfangen. Ich war zwar begierig, sie zu sehen, wollte aber nicht schuld daran sein, dass ich sie und mich dabei in Gefahr brachte. Doch das gehört nicht zu meiner allgemeinen Darstellung. Im Folgenden berichte ich wieder den Gang der Ereignisse der Reihe nach [277D].

Julian beschreibt nun seine Zeit als Feldherr in Gallien,[18] wobei er betont, wie Constantius ihn trotz seiner stets bewiesenen Loyalität immer einschränkte und sogar den Ruhm seiner Siege für sich beanspruchte. So erscheint die Abforderung von Julians Kerntruppen durch ihn nur wie der traurige Höhepunkt dieser ständigen Gängelung und Überwachung. Und auch die Folgen hatte der Kaiser sich selbst zuzuschreiben. Das werden die Athener, wenn sie sein Schreiben lesen, meint Julian, wohl auch einsehen.

---

16 Ammian beschreibt die Szene der Investitur 15,8.

17 Euhemeros. Der Arzt: Oreibasios, vgl. Brief 20. Er verfasste ein Kompendium der Medizin und (verlorene) Tagebücher, aus denen Eunapios in seinem Geschichtswerk schöpfte. Julian sandte ihn vor dem Perserkrieg nach Delphi, um ein Orakel einzuholen, vgl. M. Giebel, Das letzte Orakel. In: Vademecum. Stuttgart Reclam 2015, S. 94ff.

18 277D ff.

2: Libanios, *Epitaphios* – Rede auf den Tod Julians

Libanios (314–393), aus Antiochia in Syrien, der berühmteste griechische Rhetor der späteren Kaiserzeit, lehrte Rhetorik in Athen, Konstantinopel und Nikomedia, seit 354 in Antiochia. Er war Lehrer und Freund Julians und gehörte zu dessen engstem Freundeskreis während seines Aufenthalts in Antiochia (362–363); er teilte seine politischen wie auch religiösen Überzeugungen und betrauerte seinen frühen Tod. Die reiche Hinterlassenschaft an Reden, Briefen und Abhandlungen zeigt ihn als Vertreter und Verfechter des klassischen Gedankenguts, der Paideia. Obwohl überzeugter Heide, wahrte er dem Christentum gegenüber Toleranz und tadelte nur dessen Gewaltakte gegenüber dem Götterglauben. So gehörten zu seinen Schülern auch Christen. Sein Stil wurde zum Vorbild griechischer Kunstprosa, und sein Einfluss bewirkte wohl auch, dass die Werke Julians (von seiner Kampfschrift gegen die Christen abgesehen) als Zeugnisse rhetorischer Bildung erhalten blieben, obwohl dieser nach seinem Tod den Beinamen Apostata, der Abtrünnige trug.

Die Leichenrede, Epitaphios – man denkt an die berühmte Rede des Perikles[19] auf die gefallenen Athener –, folgt den Regeln der Rhetorik als ein Panegyricus. Libanios hielt seine Rede nicht unmittelbar nach Julians Tod (363), sondern erst nachher, wohl 365 oder noch später. Als Quelle für die Zeit Julians als Caesar benutzt er Julians Sendschreiben an die Athener; für die spätere Zeit, wie für den Perserkrieg, hat er sich um Berichte von Augenzeugen bemüht. Er hat diese Rede wohl nicht in der Öffentlichkeit, unter streng christlichen Kaisern, sondern eher vor einem Kreis von Freunden und Schülern gehalten. Sie verweist über das Schicksal Julians hinaus auf das Ende einer Epoche, wie es sich dann 378 in der Gotenschlacht von Adrianopel, in der Kaiser Valens fiel, offen zeigte.[20]

Or. 18, Auszug: Kap. 25–32, F 247–250

Julians Bruder Gallus war zum Tode verurteilt worden und starb, ohne dass er sich zu seiner Anklage äußern und verteidigen konnte. 25. Und augenblicklich wurde Julian verhaftet und mit einer Garde von Bewaffneten umgeben, finster blickend und von rauer Zunge, so dass ein normaler Gefängnisaufenthalt noch vergleichsweise gelinde gewesen wäre. Dazu kam noch, dass er nicht an einem Platz bleiben durfte, sondern mühselig von Ort zu Ort geschleppt wurde. All das machte er mit, ohne dass eine einzige Anklage gegen ihn erhoben wurde, weder eine schwere noch eine leichtere. Wie konnte es auch sein, wo er doch so weit von seinem Bruder entfernt lebte, und ihm auch nur selten Briefe schrieb, die auf Grußworte beschränkt waren. So gab es nichts, weshalb man ihn verleumderisch anklagen konnte;

19 Thukydides 2,35–46.

20 Libanios tritt auf im Roman *Julian* von Gore Vidal. Im brieflichen Wechselgespräch mit dem Philosophen Priscus erinnert er sich an die Zeit Julians.

man hatte es, wie ich gesagt habe, aus keinem anderen Grunde auf ihn abgesehen, als dass er und sein Bruder einen gemeinsamen Vater hatten. 26. Hier kann man ihn wieder bewundern: Er denunzierte seinen toten Bruder nicht, um sich bei seinem Mörder in ein gutes Licht zu setzen, noch äußerte er sich so, dass er ihn gegen sich, den noch Lebenden, aufbrachte. Er betrauerte seinen Bruder in der Stille und gab Constantius keine Handhabe, ihn zu töten, wenn er es auch wollte. Er hielt seine Zunge im Zaum, wenn es ihm auch schwer fiel bei all den betrüblichen Umständen, in denen er sich befand. Aber mit diesem geduldigen Aushalten gelang es ihm, auch seinen übelsten Bewachern den Mund zu stopfen.[21] 27. Doch nicht einmal das reichte aus zu seiner Rettung, noch beschwichtigte es den Zorn des Kaisers in seiner blinden Wut. Aber als Julian sozusagen im Sturm auf den Wellen trieb, da sah ihn die Kadmostochter Ino,[22] die Gattin des Constantius, sie wurde von Mitleid mit ihm erfasst und besänftigte ihren Gatten. Und mit ihren inständigen Bitten konnte sie ihn befreien – ihn, den Liebhaber von Griechenland und besonders des Augensterns von Hellas, Athens, und sie konnte ihn in das Land senden, das er liebte. 28. Wie könnte man die Wahl dieses Ortes nicht geradezu als Zeichen eines göttlichen Geistes ansehen, denn er hatte ja kein Verlangen nach Parks, Häusern oder Wäldern, noch Villen mit Seeufer noch all dem sonstigen Luxus, den er in Ionien hätte haben können. Er hielt das, was anderen so großartig erscheint, für wenig wert gegenüber einer Stadt wie Athen, der Heimat von Platon, Demosthenes und so vieler Stätten der Weisheit. 29. So begab er sich eilends dorthin, um seine Kenntnisse zu erweitern und mit Lehrern zusammenzukommen, die ihn belehren konnten über das hinaus, was er schon besaß.[23] Im Zusammensein mit ihnen gab er Proben von seinen Kenntnissen und nahm solche von ihnen an. Dabei setzte er sie mehr in Erstaunen als umgekehrt, und er allein von all den jungen Leuten, die nach Athen kamen, verließ es als einer, der mehr gelehrt als gelernt hatte. Daher sah man ihn auch stets umringt von einem Schwarm junger Leute, von älteren, von Philosophen, von Rhetoren. Und auch die Götter blickten auf ihn, die wohl wussten, dass er derjenige war, der sie wieder in ihre angestammten Rechte einsetzen würde. 30. Er fand gleichermaßen Bewunderung für seine Beredsamkeit wie für seine scheue Zurückhaltung, denn jede seiner Äußerungen war von einem Erröten begleitet.[24] Jedermann erfreute sich seines freundlichen Wesens, aber nur die Besten genossen auch sein Vertrauen …

21 Libanios denkt wohl an Odysseus, der ähnlich schweigend die Missetaten der Freier und ihrer Anhänger ertragen hat, vgl. *Od.* 17,233ff.; 20, 10–24.

22 *Od.* 5,333ff: Als Odysseus nach seinem Schiffbruch mit dem Floß in den stürmischen Wellen treibt, hilft ihm die Meergöttin Ino Leukothea.

23 Vgl. die Rede an Eusebia, *Or.* 3,118f.

24 Julians Studiengenosse Gregor von Nazianz macht daraus das Zerrbild eines fahrigen, unausgeglichenen Mannes ohne rechte Bildung (*Or.* 5,23, nach Julians Tod verfasst). Vgl. M. Giebel (2002/2006) S. 78f.

31. Es war nun die Absicht des jungen Mannes, in Athen zu leben und zu sterben, und das hielt er für das höchste Glück. Die Lage im Reich aber erforderte einen zweiten Herrscher, denn die Städte am Rhein lagen in Trümmern, und die dorthin entsandten Feldherren strebten eine höhere Stellung an als ihnen zukam.[25] So wurde der Student der Philosophie zur Herrschaft berufen, und er bezog aus ebendieser seiner Philosophie die Zuversicht dem Mann gegenüber, der ihm so schlimmes Unrecht angetan hatte. Er war ja der Mörder seines Vaters und seiner Brüder einige Zeit zuvor, des letzteren aber erst kürzlich.[26] Dabei hatte er aber die Hoffnung, dass seine Abmachungen loyal eingehalten werden würden und seine [Julians] Sinnesart stärker sein würde als die Vorwürfe, die er gegen ihn hatte. 32. Constantius täuschte sich nun nicht in seinen Hoffnungen, als er Julian herbeorderte, dieser aber konnte sich nichts anderes vorstellen, als dass diese Ehrenstellung zu einem schlimmen Ende für ihn führen würde. Das vergossene Blut gab ihm Grund genug zu dieser Vorahnung. Eine Ausflucht war aber unmöglich, und so rief er unter Tränen die Göttin an und bat sie um ihren Schutz und machte sich auf die Reise.[27] Nachdem er zum Partner im Herrscheramt geworden war, bekam er sogleich eine Aufgabe zugewiesen, die wahrhaftig einen Herakles erfordert hätte, nämlich in Gallien, der am weitesten entferntesten Provinz am Rande des Ozeans.

3: Ammianus Marcellinus, *Res gestae* – Römische Geschichte

In Antiochia geboren, verfasste Ammianus Marcellinus (um 330–395) sein umfangreiches Geschichtswerk auf Lateinisch; obwohl Grieche, sah er sich wohl als Fortsetzer des Tacitus, und wie bei diesem sind auch bei Ammian große Teile seines Werkes verloren (B. 1–13). Die erhaltenen Bücher 14–31 behandeln als Reichsgeschichte die Zeit von 353 bis 378, wobei er als Zeitzeuge für viele Ereignisse auftreten kann, so als Offizier bei der Grenzverteidigung gegen Persien und im Perserkrieg Julians. Er zeichnet lebendige Charakterbilder der Kaiser, wie Constantius und Julian, den er sehr schätzte, gibt einen Einblick in die Hofkabalen und schildert mit Anteilnahme den Niedergang des Reiches durch mangelnde Kompetenz der Herrscher und das Eindringen fremder Völker. So wird sein Werk zu einem unschätzbaren Zeugnis für die Spätantike. Als Heide stand er dem Christentum distanziert gegenüber, doch ohne Vorurteile. Mit geographischen und ethnologischen Exkursen, wie über die Hunnen und Alanen (31,1ff.), bietet er wertvolle Einblicke in die Randzonen des Reiches. Er verfasste sein Werk in Rom, und es gelangte von hier in den Westen, wo sein Julian-Bild in der Folge dazu beitrug, den Kaiser vom Stigma des Abtrünnigen zu befreien.

---

25 Gemeint sind die Usurpatoren Magnentius und Silvanus, vgl. *ad Ath.* 273.

26 Gallus.

27 Vgl. *ad Ath.* 275. Zu Julian in Gallien Libanios *Or.* 13, 22ff.

Nach dem Tod des Gallus werden zahlreiche Personen der Mittäter- oder Mitwisserschaft an seinen angeblichen hochverräterischen Plänen beschuldigt.

Ammian 15,3.7–8

Dann wandte sich die Verleumdungskampagne gegen Julian, den man gerade herbeigeschafft hatte, den späteren denkwürdigen Kaiser. Er war seinen ungerechten Anklägern zufolge in ein doppeltes Verbrechen verstrickt: Erstens war er [ohne Erlaubnis] von dem Landgut Macellum in Kappadokien nach der Provinz Asien [Kleinasien] weggegangen, um dort seiner Begierde nach den Wissenschaften zu frönen, und zweitens hatte er sich mit seinem Bruder getroffen, als dieser durch Konstantinopel reiste. Obwohl er diese Vorwürfe entkräften und beweisen konnte, dass er in keinem der beiden Fälle ohne Erlaubnis gehandelt hatte, wäre er doch bei dem Drängen der Schar der verbrecherischen Schmeichelredner verloren gewesen, wenn ihn nicht auf einen Wink der höchsten Gottheit die Kaiserin Eusebia begünstigt hätte. Er wurde nach Como gebracht, einer Stadt nahe Mailand, dort blieb er eine kurze Zeit, bis er die Erlaubnis erhielt, nach Griechenland zu reisen, um dort seine Ausbildung zu vollenden, wonach er ganz begierig war.

Ammian 15,8.1–4

Constantius war außerordentlich beunruhigt infolge ständiger Nachrichten über den beklagenswerten Zustand Galliens, das von den Barbaren völlig zerstört und verwüstet worden war, ohne dass sie auf Widerstand stießen. Lange schwankte er hin und her, mit welcher Gegenmaßnahme er dieser Drangsal Herr werden und dabei selbst in Italien bleiben könnte, wie er es wollte. Er hielt es nämlich für zu gefährlich, in eine so weit entfernte Gegend zu ziehen. Endlich fasste er den richtigen Entschluss und gedachte, seinen Vetter Julian, der erst kürzlich aus Griechenland zurückberufen worden war und noch das Pallium trug[28], an der kaiserlichen Macht teilhaben zu lassen. Unter dem Druck der drohenden Gefahren trug er diesen Plan seinen Vertrauten vor, wobei er offen erklärte – was er sonst nie getan hatte – dass er als einzelner einer so vielfältigen und andauernden Zwangslage erliegen müsse. Die Höflinge aber, nur allzu sehr geübt in der Kunst des Schmeichelns, redeten ohne Unterlass beschwörend auf ihn ein: Nichts sei ja so schwierig, dass es seine überragende Tüchtigkeit und sein fast an die Sterne reichendes Glück nicht überwinden könne, so wie bisher immer. Und nicht wenige, von ihrem schlechten Gewissen getrieben, fügten hinzu, der Titel eines Caesars solle vorsichtshalber in Zukunft vermieden werden, und sie erinnerten daran, was unter Gallus geschehen war. Ihren hartnäckigen Bemühungen trat allein die Kaiserin entgegen (*sola regina*), wobei ungewiss ist, ob sie Furcht hatte vor einer Reise in so ferne Regionen, oder ob sie aus

28 Das griechische Obergewand, das besonders die Schüler und Lehrer der Wissenschaften trugen.

angeborener Klugheit auf das Gemeinwohl bedacht war. Sie erinnerte daran, dass man einen Verwandten allen anderen vorziehen müsse. Nach vielen Beratungen dafür und dagegen stand die Entscheidung des Kaisers fest. Alle Einwände wurden als untauglich beiseitegeschoben und der Beschluss gefasst, dass Julian als Mitherrscher angenommen werde.

Ammian 21,6.4

Zur selben Zeit [360] nahm Constantius Faustina zur Frau, nachdem er vor kurzem Eusebia verloren hatte, deren Brüder die ehemaligen Konsuln Eusebius und Hypatius waren. Sie zeichnete sich vor vielen aus durch die Schönheit des Körpers wie durch die Vollkommenheit des Charakters und bewahrte sich trotz einer so hohen Stellung ihre Menschlichkeit. Wie ich berichtet habe, wurde durch ihren wohlbegründeten Gunsterweis Julian aus Gefahren befreit und zum Caesar ernannt.

Ammian 21,16.16

Er [Constantius] war allzu sehr abhängig von seinen Frauen, den dünnen Stimmen der Eunuchen und bestimmten Höflingen, die jedem seiner Worte applaudierten und aufpassten, was er sagte oder ablehnte, um ihm jeweils beistimmen zu können.

Ammian 16,10.18–19

Unterdessen [während des Rombesuchs des Constantius mit Eusebia] verfolgte eben damals die Kaiserin Eusebia die Schwester des Constantius und Gattin des Caesars Julian, Helena, mit heimtückischen Anschlägen. Man hatte sie mit erheuchelter Zuneigung nach Rom gebracht. Eusebia war ihr Leben lang unfruchtbar geblieben, und sie verlockte nun Helena dazu, ein Mittel einzunehmen, ein Gift, das sie ausfindig gemacht hatte, damit sie, sooft sie schwanger geworden war, das Kind vorzeitig verlor. Schon früher, als Helena in Gallien ein männliches Kind zur Welt gebracht hatte, hatte sie dieses durch List umbringen lassen: Die Hebamme, bestochen durch eine Geldsumme, tötete das Kind, indem sie die Nabelschnur höher als üblich abschnitt. So weitreichend und gründlich wurde alle Mühe aufgewandt, damit es ja keine Nachkommenschaft des fähigsten Mannes geben sollte.

Ammian 16,11.13

Gerüchtweise erzählte man sich aber überall, Julian sei nicht auserwählt worden, um die drückende Lage in den gallischen Ländern zu erleichtern. Vielmehr sollte er in den grausamen Kriegen umkommen, zumal er damals, wie man glaubte, noch ganz unerfahren im Kriegswesen war und nicht einmal den Klang der Waffen ertragen konnte.

4: Zosimos, *Historía Néa* – Neue Geschichte

Zosimos, wohl aus Gaza, Jurist und Verwaltungsbeamter, verfasste zwischen 498 und 518 seine römische Geschichte in griechischer Sprache (Neue, d. h. Neuere Geschichte), von der nur Teile erhalten sind. Sie geht bis 410, zur bevorstehenden Eroberung Roms durch Alarich und die Westgoten. Zosimos war Heide; er bringt den Niedergang des Reiches in Verbindung mit dem Aufstieg des Christentums und der Abkehr von den alten Göttern. Konstantin habe sich dem Christentum in die Arme geworfen, weil es ihm Vergebung versprach für seine Verwandtenmorde (2,29). Was Ammian (s. o.) als Gerücht wiedergibt, scheint für Zosimos eine Taktik Eusebias zugunsten Julians zu sein. Angesichts der katastrophalen Lage in den gallischen Ländern durch die Einfälle der Franken, Alamannen und anderer Stämme, die sich allenthalben festsetzten – 40 Städte hatten sie bereits eingenommen, darunter Köln –, habe Kaiser Constantius keinen Ausweg gesehen, denn er selbst musste wegen der Persergefahr im Osten präsent sein. Er konnte sich aber auch nicht überwinden, jemand an der Herrschaft zu beteiligen, denn er war von einem unüberwindlichen Missstrauen jedermann gegenüber.

Zosimos 3,2

So war der Kaiser in größter Ratlosigkeit, das Römische Reich aber in höchster Gefahr. Eusebia aber, die Gemahlin des Constantius, eine hochgebildete und an Klugheit allen ihren Geschlechtsgenossinnen überlegene Frau, schlug dem Kaiser vor, Julian als Caesar an die Spitze der gallischen Provinzen zu stellen … Da Eusebia aber wusste, dass Kaiser Constantius voller Misstrauen gegen seine gesamte Sippe war, gewann sie ihren Gemahl auf folgende Weise für ihre Absicht. Sie sagte: »Julian ist jung und ein schlichtes Gemüt; er hat sich sein ganzes Leben lang mit wissenschaftlichen Studien beschäftigt und kennt sich ganz und gar nicht aus in Politik und Kriegswesen, er wird daher für uns besser geeignet sein als irgendjemand sonst. Hat er nämlich bei seinen Unternehmungen Glück, so wird er damit nur bewirken, dass der Kaiser sich diese Erfolge selber zuschreiben kann; erleidet er jedoch einen Fehlschlag und kommt dabei ums Leben, dann wird Constantius künftig niemand mehr haben, der als Spross aus kaiserlichem Geschlecht zur obersten Herrschaft berufen werden könnte.«

Mit ebendiesen Worten habe Eusebia Constantius überredet, Julian die Erledigung der Aufgaben in den gallischen Provinzen zu übertragen (3,2;3).

Zeittafel

Mai/Juni 331 Flavius Claudius Julianus in Konstantinopel geboren; sein Vater ist ein Halbbruder Konstantins des Großen.

22. Mai 337 Tod Konstantins. Regierungsantritt seiner Söhne Constantin II., Constantius II., und Constans. Beim Massaker von Konstantinopel sterben die Angehörigen Julians, er selbst und sein Bruder Gallus überleben als Kinder. Sie werden in die kaiserliche Domäne Macellum in Kappadokien verbracht.

353 Constantius II. Alleinherrscher. Er verbietet die heidnische Kultausübung.

348 Die Brüder dürfen zurückkehren. Julian beginnt seine Studien; er wendet sich dem Neuplatonismus zu und verehrt im Geheimen die alten Götter.

351 Gallus wird von Constantius zum Caesar (Juniorkaiser) des Ostens ernannt, residiert in Antiochia.

351 Constantius besiegt den Usurpator Magnentius, heiratet Eusebia.

354 Gallus wird abberufen und wegen angeblicher hochverräterischer Absichten hingerichtet, Julian wird unter dem Verdacht der Mitwisserschaft nach Mailand an den Hof berufen. Die Kaiserin Eusebia setzt sich für ihn ein. Er darf zu einem Studienaufenthalt nach Athen gehen.

355 Julian wird nach Mailand zurückberufen und zum Caesar des Westens ernannt. Die Kaiserin setzte sich wieder für ihn ein. Heirat mit Helena, der Schwester des Constantius. Julian zieht als Feldherr in die gallischen Krisengebiete.

356/357 Militärische Erfolge: Sieg in der Schlacht von Straßburg. Winterquartier in Lutetia (Paris).

358 Feldzug Julians gegen die Franken. Sicherung der Rheingrenze. Konsolidierungsmaßnahmen in den Provinzgebieten.

360 Constantius rüstet zum Krieg gegen die Perser an der Ostgrenze des Reiches. Er fordert ein großes Truppenkontingent von Julian. Weigerung der Soldaten mit Hinweis auf ihre Rekrutierungsklausel als Heimwehr in Gallien. Meuterei in Paris und Erhebung Julians zum Augustus. Constantius beharrt auf seinen Forderungen, will Julian zum Staatsfeind erklären. Julian marschiert gegen Constantius, schickt Sendschreiben zu seiner Rechtfertigung.

361 3. November Tod des Constantius in Kleinasien, Julian als Nachfolger bestätigt. 11.Dezember Einzug Julians in Konstantinopel. Er bekennt sich offen zum Götterglauben und bemüht sich um eine Stärkung des Kultes. Toleranzedikte: Öffnung der Tempel, Rückgabe des konfiszierten Tempelguts. Einschränkung der Hofhaltung und des Zeremoniells. Gesetzgebung zugunsten der Stadtgemeinden, Neuordnung von Steuern und Abgaben.

362 18. Juli bis März 363 Aufenthalt Julians in Antiochia; er verfasst religiöse und philosophische Schriften sowie die Satiren Das Kaiserbankett (*Caesares*) und Der Barthasser (*Misopogon*).

363 5. März Aufbruch Julians zum Perserkrieg. Marsch auf die Hauptstadt Ktesiphon. Nach anfänglichen Erfolgen Rückzug zum Tigris.

363 26. Juni Verwundung und Tod Julians in einer Schlacht bei Maranga am Tigris. Rückzug des Heeres unter dem christlichen Kaiser Jovian. August: Beisetzung Julians in Tarsos, später Überführung nach Konstantinopel.

Literaturangaben

Textausgaben

Textausgaben

Julian

Iuliani imperatoris quae supersunt … omnia. Hrsg. von F. C. Hertlein. Leipzig BT 1875/76 u. ö. (Zugrundeliegende Ausgabe)

The Works of the Emperor Julian. With an English translation by Wilmer Cave Wright in three volumes. Volume I: Orations I–V. [Rede 1 und 2 zu Ehren des Kaisers Constantius, Rede 3 zu Ehren der Kaiserin Eusebia). Volume II: Letter to the Senate and People of Athens [Sendschreiben an die Athener, *ad Ath.*] London / New York 1913, 1930 (u. ö. = Cambridge (Mass.), Harvard University Press. London 1969/1980 (Loeb Classical Library = LCL). (Eingesehene Ausgabe).

L'Empereur Julian. Ouvres complétes. Tome I: Discours de Julian César. Texte établi et traduit par J. Bidez/F. Cumont II (III) Eloge de l'Imperatrice Eusébie. Paris 1924 u. ö.

Die übliche Zählung der Werke Julians geht zurück auf die Ausgabe von Ezechiel Spanheim: Iuliani Imperatoris opera quae supersunt omnia. Lipsiae 1696. Hinzugefügt ist die Kapitelzählung nach der Ausgabe von Bidez.

Libanios

Libanii Opera 2, hrsg. R. Förster Leipzig BT 1904.

Libanius: Selected Works I ed. A. F. Norman I: The Iulianic Orations. London u.a. 1969.

Ammianus Marcellinus

Ammiani Marcellini Rerum gestarum libri qui supersunt, rec. C. U. Clark Berlin 1910/15.

Zosimos

Zosimi comitis et exadvocati fisci Historia nova. Hrsg. L. Mendelssohn. Leipzig BT 1887, ND Hildesheim u.a. 2003.

Andere Werke Julians

The Works of the Emperor Julian. (LCL, wie oben)

Iulianus Augustus, Opera, hg. H. G. Nesselrath. Berlin BT 2010.

Giuliano l'Apostata. Autobiografia. Messaggio agli Ateniesi. Traduzione di J. Labriola. Firenze, La Nova Italia 1975.

Julian Apostata: Das Kaiserbankett. Der Barthasser. Übers. u. hrsg . von M. Giebel. Wiesbaden 2016.

Julian: Briefe. Gr.-dt., hrsg. von B. K. Weis. Tusculum. München 1973.

Andere antike Autoren
Claudius Mamertinus: Die Neujahrsrede des Konsuls Claudius Mamertinus, lat.-dt. hrsg. von H. Gutzwiller. Freiburg (Schweiz) 1942.
Libanios: Selected Works. With an English translation, introduction and notes by A. F. Norman. In two volumes. Volume I: The Julianic Orations. Cambridge (Mass.). Harvard University Press. London 1987. (LCL). Oration 18. Funeral oration over Julian.
Libanios: Oratio 18 Epitaphios. Kommentar v. E. Bliembach. Würzburg 1976.
Ammianus Marcellinus: Römische Geschichte – Res Gestae., lat.-dt., mit einem Kommentar versehen von W. Seyfarth. 4 Bde. Darmstadt 51983.
Zosimos: Histoire Nouvelle. 5 Bde. hrsg. mit frz. Übers. u. Komm. von F. Paschoud. Paris 1971–1989.
Zosimos: Neue Geschichte. Übers. u. eingel. von O. Veh, erläutert von St. Rebenich. Bibliothek der griechischen Literatur 31. Stuttgart 1990.

Sekundärliteratur

Albrecht, M. von: Geschichte der römischen Literatur. 2 Bde. München 21994. (Vgl. Bd. 2, S. 1135f. zum Fortwirken Ammians in Verbindung mit Julian).
Aujoulat, N.: Eusébie, Hélène et Julien. I: Le témoignage de Julien. Byzantion 53, 1983, S. 78–103. II: Le témoignage des histoires, ebd. S. 421–452.
Bellen, H.: Die Spätantike von Constantin bis Justinian. Darmstadt 22016.
Bidez, J.: La Vie de l'Empereur Julien. Paris 1930, 21965. Dt. Julian der Abtrünnige. München 1940, Neuausg.: Kaiser Julian. Der Untergang der heidnischen Welt. Hamburg 1956.
Blockley, R. C.: Constantius Gallus and Julian as Caesars of Constantius II. Latomus 31, 1972, S. 433–468.
Bouffartigue, J.: L'Empereur Julien et la culture de son temps. Paris 1992.
Bowersock, G. W.: Julian the Apostate. London 1975/Cambridge (Mass.) 1978.
Brandt, H.: Geschichte der römischen Kaiserzeit. Von Diokletian und Konstantin bis zum Ende der konstantinischen Dynastie (284–363). Berlin 1998.
Brauch, Th.: The Political Philosophy of the Emperor Julian as Found in his Writings, Administration and Propaganda. Ann Arbor (Mich.) 1980.
Brendel, R.: Kaiser Julians Gesetzgebungswerk und Reichsverwaltung. Studien zur Geschichtsforschung des Altertums 32. Hamburg 2017.
Bringmann, K.: Kaiser Julian. Der letzte heidnische Herrscher. Darmstadt 2004.
Browning, R.: The Emperor Julian. London 1975. Dt. Kaiser Julian. Der abtrünnige römische Herrscher. München 1988.
Cameron, Av.: Das späte Rom. München 1994.
Demandt, A.: Geschichte der Spätantike. Das Römische Reich von Diocletian bis Justinian. München 1998, 22008.
Demandt, A.: Zeitkritik und Geschichtsbild im Werk Ammians. Bonn 1965.

Elm, S. : Sons of Hellenism, Fathers of the Church. Emperor Julian, Gregory of Nazianzus, and the Vision of Rome. Berkeley, Los Angeles 2012.

Gerhardt, T.: Philosophie und Herrschertum aus der Sicht des Themistios. In: A. Goltz u.a. (Hrsg.): Gelehrte in der Antike. FS A. Demandt. Köln / Weimar / Wien 2002, S. 187–218 [zu Constantius II.].

Giebel, M.: Kaiser Julian Apostata. Die Wiederkehr der alten Götter. Düsseldorf (Artemis) 2002/2006.

Janka, M.: Quae philosophia fuit, satura facta est. Julians Misopogon zwischen Gattungskonvention und Sitz im Leben. In: Schäfer, C. [s. u.] S. 177–206.

Karau, L: Das Bild der Frau in den Res gestae des Ammianus Marcellinus. Diss. Berlin 1971.

Klein, R. (Hrsg.): Julian Apostata. Wege der Forschung Bd. 509. Darmstadt 1978.

König, I.: Die römische Spätantike. Stuttgart 2013.

Nesselrath, H.-G.: Libanios. Zeuge einer schwindenden Zeit. Stuttgart 2012.

Rosen, K.: Ammianus Marcellinus. Erträge der Forschung Bd. 183. Darmstadt 1982.

Rosen, K.: Julian. Kaiser, Gott und Christenhasser Stuttgart 2006.

Ross, A. J.: Ammianus' Julian. Narrative and Genre in the Res Gestae. Oxford Classical Monographs. Oxford University Press 2016. (Literaturergänzung in Rez. Raphael Brendel in Gymnasium 125, 2018, S. 293ff.).

Schäfer, C. (Hrsg.): Kaiser Julian ‚Apostata' und die philosophische Reaktion gegen das Christentum. Millenium Studien Bd. 21. Berlin / New York 2008.

Simons, B.: Kaiser Julian, Stellvertreter des Helios auf Erden. In: Gymnasium 118,2011, S. 483–502 [Korr. S. 494: 25.12.362; S. 492: s. 333C.]

Stenger, J.: Hellenische Identität in der Spätantike. Pagane Autoren und ihr Unbehagen an der eigenen Zeit. Untersuchungen zur antiken Literatur und Geschichte 97. Berlin / New York 2009.

Tougher, S. : In Praise of an Empress. Julian's Speech of Thanks to Eusebia. In: Whitby (1998) S. 105–123.

Tougher, S. : Julian the Apostate. Edinburgh 2007.

Vatsend, K.: Die Rede Julians auf Kaiserin Eusebia. Abfassungszeit, Gattungszugehörigkeit, panegyrische Topoi und Vergleiche, Zweck. Oslo 2000.

Whitby, Mary (Hrsg.): The Propaganda of Power. The Role of Panegyric in Late Antiquity. Leiden / Boston / Köln 1998.

Wieber-Scariot, A.: Zwischen Polemik und Panegyrik. Frauen des Kaiserhauses und Herrscherinnen des Ostens in den Res gestae des Ammianus Marcellinus. Trier 1999.

Zu diesem Buch

Prinz Julian, Neffe Konstantins des Großen, reist i. J. 355 n. Chr. aus seinem griechischen Studienort nach Konstantinopel, zu Constantius II., dem Kaiser des römischen Reiches. Er ist einbestellt wegen Verdachts der Mitwisserschaft an den angeblichen aufständischen Plänen seines Bruders Gallus, der inzwischen hingerichtet ist. Die Anklage lautet auf Hochverrat, darauf steht die Todesstrafe.
Julian hatte keinerlei Kontakt zu seinem Bruder, doch das wird ihm nicht helfen, ebenso wenig, dass Constantius sein Vetter ist. Der stets misstrauische Kaiser ist umgeben von Höflingen, die ein Netz von Agenten und Spionen betreiben und auch Julian beschatten und ihm den Zutritt zum Kaiser verwehren wollen. Wie soll sich der Philosophiestudent aus der Schlangengrube des Hofes retten? Als ein Wunder erscheint es ihm, dass sich die Kaiserin für ihn einsetzt, die junge und schöne Eusebia. Ihr gelingt es, den Kaiser von der Unschuld Julians zu überzeugen. Er dankt seiner Gönnerin mit einer Lobrede, die freilich zeigt, dass political correctness keine Erfindung unserer Tage ist.
Parallelstellen von Julian selbst und Personen seiner Umgebung geben ergänzend einen Einblick in das Machtgeflecht spätantiker Politik.
Als Julian seine Rede hielt, ahnte man noch nicht, dass er Kaiser des römischen Reiches werden würde und später, wegen seiner Rückkehr zu den alten Göttern, der Abtrünnige genannt werden sollte. Als Julian Apostata ist er in der Reihe der römischen Kaiser wie auch unter den griechischen Schriftstellern der Antike präsent, als eine der interessantesten Persönlichkeiten der Antike.

Marion Giebel (geb. 1939 in Frankfurt am Main) ist Altphilologin und Verlagslektorin, Autorin, Übersetzerin und Herausgeberin auf dem Gebiet der antiken griechisch-römischen Literatur.
Nach dem Studium der Klassischen Philologie und Germanistik wurde sie (unter dem Namen Marion Müller) 1965 in Frankfurt bei Harald Patzer mit einer Dissertation über Athene als göttliche Helferin in der Odyssee promoviert. Anschließend Verlagsausbildung und als Verlagslektorin Herausgabe antiker und deutscher Literatur, dann freiberufliche Tätigkeit als Wissenschaftsautorin, Übersetzerin und Herausgeberin, regelmäßig begleitet von Rundfunksendungen und Vorträgen (vhs). Sie lebt bei München. Bekannt ist sie vor allem durch ihre sechs rowohlt-monographien Cicero, Augustus, Vergil, Seneca, Ovid, Sappho. Editionen von u. a. Plutarch, Musaios, Livius, Cicero, Augustus, Velleius Paterculus, Seneca, Quintilian, Plinius d. Ä. und d. J., Sueton. Publikationen zu antiken Sachthemen wie antike Mysterienkulte, Orakel von Delphi sowie Florilegien (Vademecum). Sie erhielt den Alternativen Übersetzerpreis (2018) und die Pegasus-Ehrennadel des Deutschen Altphilologenverbands für ihr Lebenswerk (2019)..